承德医学院校级课题青年基金项目：新会计制度下高
研究（编号 202315）

高校财务管理改革与创新研究

赵翔宇　著

北京工业大学出版社

图书在版编目（CIP）数据

高校财务管理改革与创新研究 / 赵翔宇著． — 北京：北京工业大学出版社，2022.8
　ISBN 978-7-5639-8433-6

Ⅰ．①高… Ⅱ．①赵… Ⅲ．①高等学校－财务管理－研究－中国　Ⅳ．① G647.5

中国版本图书馆 CIP 数据核字（2022）第 179994 号

高校财务管理改革与创新研究

GAOXIAO CAIWU GUANLI GAIGE YU CHUANGXIN YANJIU

著　　者：	赵翔宇
责任编辑：	吴秋明
封面设计：	知更壹点
出版发行：	北京工业大学出版社
	（北京市朝阳区平乐园 100 号　邮编：100124）
	010-67391722（传真）　bgdcbs@sina.com
经销单位：	全国各地新华书店
承印单位：	唐山市铭诚印刷有限公司
开　　本：	710 毫米 ×1000 毫米　1/16
印　　张：	10.75
字　　数：	215 千字
版　　次：	2023 年 4 月第 1 版
印　　次：	2023 年 4 月第 1 次印刷
标准书号：	ISBN 978-7-5639-8433-6
定　　价：	72.00 元

版权所有　翻印必究

（如发现印装质量问题，请寄本社发行部调换 010-67391106）

作者简介

赵翔宇，女，1990年6月生，汉族，河北承德人，硕士研究生，承德医学院会计师，研究方向：会计理论与实务。参与编写的《央企退市第一股——*ST长油退市案例分析》《方正证券投资盛京银行股份的会计核算》等入选全国会计硕士专业学位教学案例库。

前　言

新会计制度的实施对高校财务管理提出了新的要求。进一步加强高校教育经费的监管，规范高校财务管理行为，推进高校财务管理在全面预算、内部控制、信息化建设等方面提升水平，也是高校教学、科研、后勤工作提质增效的重要保证。基于此，本书分析了高校财务管理工作中存在的问题，并对高校财务管理工作的改革与创新提出了若干建议，以使高校财务管理工作能够适应改革新形势。

全书共五章。第一章为高校财务管理概述，主要阐述了高校财务管理的内容、高校财务管理的控制与目标以及高校财务管理的现状；第二章为高校财务管理改革，主要阐述了高校财务管理改革的内容、高校财务管理改革的动力以及高校财务管理改革的实践；第三章为高校财务管理的创新背景，主要阐述了新会计准则实施背景下的高校财务管理、互联网背景下的高校财务管理以及教育产业化背景下的高校财务管理；第四章为高校财务管理的创新，主要阐述了高校成本财务管理的创新、高校资产财务管理的创新、高校预算财务管理的创新以及高校会计人员管理的创新；第五章为高校财务风险控制及预警体系构建，主要阐述了高校财务风险概述、以内部审计制度强化高校财务风险控制以及高校财务风险预警体系的构建。

笔者在撰写本书的过程中，借鉴了国内外很多相关的研究成果，在此对相关学者、专家表示诚挚的感谢。

由于笔者水平有限，书中难免有不足之处，在此恳请各位同行和读者斧正。

目 录

第一章 高校财务管理概述 ... 1
第一节 高校财务管理的内容 ... 1
第二节 高校财务管理的控制与目标 ... 33
第三节 高校财务管理的现状 ... 41

第二章 高校财务管理改革 ... 47
第一节 高校财务管理改革的内容 ... 47
第二节 高校财务管理改革的动力 ... 70
第三节 高校财务管理改革的实践 ... 76

第三章 高校财务管理的创新背景 ... 79
第一节 新会计准则实施背景下的高校财务管理 ... 79
第二节 互联网背景下的高校财务管理 ... 83

第四章 高校财务管理的创新 ... 92
第一节 高校成本财务管理的创新 ... 92
第二节 高校资产财务管理的创新 ... 98
第三节 高校预算财务管理的创新 ... 105
第四节 高校会计人员管理的创新 ... 120

第五章 高校财务风险控制及预警体系构建 ... 131
第一节 高校财务风险概述 ... 131
第二节 以内部审计制度强化高校财务风险控制 ... 145
第三节 高校财务风险预警体系的构建 ... 152

参考文献 ... 158

第一章　高校财务管理概述

随着高等教育体制改革的逐步深入，高校财务管理工作的范围不断扩大，财务管理目标也具有了多重性。随着政府会计制度的引入，高校财务管理工作在具体开展、实施过程中遇到了诸多问题。

第一节　高校财务管理的内容

高校财务管理的基本内涵是财务管理人员依靠科学的专业化手段来计算高校成本支出总额，拟定高校预算的完整实施规划，并且着眼于高校固定资产的安全保障维护工作。高校财务管理涵盖多个层面，财务管理的工作手段应当能够被完整融入高校日常管理体系中，有力支撑与促进高校各个领域的业务的顺利开展。由此可见，财务管理工作在保障高校教学顺利运行以及节约高校资源成本的实践中占有重要地位。

目前，很多高校系统中的会计财务人员、高校管理人员以及高校教师都已深刻认识到财务管理的价值与作用，并且正在逐步推进与落实高校财务管理的日常工作。财务管理工作本身带有明显的财务监督特征与属性，财会人员在全面核对高校财会账目的基础上，应当做到准确了解和把握高校资金资产的流向动态，增强高校管理者针对财务管理实践工作的重视程度。

一、筹资管理

（一）高校筹资管理概述

高校管理者主要负责多渠道筹措资金且科学合理地进行使用。由于有限的国家财政支出，高校必须多种渠道筹措资金，用以保证高校的基础建设和教育支出，有效合理地配置教学资源、改进资金的使用，发挥资金使用的效益最大化。当前，我国许多高校都出现支大于收、资金短缺的现象。因此，高校必须强化财务管理控制，不断改进资源配置，努力节约资源，进一步提高教学水平，改善教学质量。

（二）高校筹资存在的问题

1. 人员、经费短缺

高等教育进入内涵式发展阶段，师资力量成为决定高校竞争力的根本因素。很多高校不惜重金引进人才，大幅提高教师待遇，这样的人才强校政策导致人力资源成本快速增长，而用于人员支出的资金绝大部分源于财政拨款中的生均拨款。

财政拨款分为生均拨款和专项资金拨款，而专项资金必须专款专用，不能用于发放人员工资。这就造成了高校的专项资金充足，使用进度缓慢，而人员经费却不够的局面。

2. 未进行教育成本核算，拨款及学费标准缺乏依据

教育成本是高校管理者、政府部门、学生家庭以及社会普遍关注的重要信息。从世界范围看，高等教育成本核算尚处于研究阶段，还没有形成完善的核算体系。已有的大多数研究成果都是粗略统计或估算，方法不够科学，缺乏准确性和可操作性。我国长期以来采取"基数＋发展"的教育经费拨款方式，拨款标准也不是以教育成本为主要依据，因此不够科学、准确。至于学生承担多少学费合理，由于高校未进行教育成本核算，故难以确定。

3. 贷款缺乏论证，风险、还贷意识不强

改革开放以来，我国教育事业取得了举世瞩目的重大成就，高等教育快速发展，现已步入了大众化阶段。高校的招生规模快速增长，资产规模不断扩大，校园建设和各项教研活动的开展对资金的需求也在逐年增长。由于财政拨款无法满足高校庞大的资金需求，银行贷款成为高校重要的资金来源。高校的教学质量在稳步提升，加上生源稳定、财政拨款逐年增加，银行在贷款业务上更倾向于高校。高校从银行贷款变得相对容易，贷款规模不断扩大，动辄上千万，这无疑增加了高校的财务风险。因为小额贷款无法满足高校业务发展的需要，一些高校经常"拆东墙补西墙"，以贷还贷。在经费紧缺的情况下，高校必须合理利用银行贷款。然而，有的高校没有根据自己的总体发展规划及收支水平来确定贷款的规模、期限及还款方式，对贷款项目缺乏科学的评估和论证，导致对贷款的风险认识不够，还贷责任意识不强。

4. 社会捐赠比例过小

据统计，2018年我国高校的捐赠收入（大部分为"双一流"高校）在所有经费中占0.8%，非双一流建设高校的这一比例更低。在英美等西方国家，大学获得的社会捐赠一般占学校总收入的5%。我国高校获得的社会捐赠比例过小的原因是多方面的，具体包括历史因素、文化差异以及不同的管理制度等。欧美国家的高校是在宗教场所的基础上发展起来的，慈善捐赠是学校发展的主要资金来源，捐赠历史悠久。在管理方面，欧美高校成立了专门的基金会，对捐赠资金进行增值管理和透明化管理。我国的社会捐赠起步较晚，人们的"家文化""中庸之道"等思想根深蒂固，捐赠理念保守、意愿不强，再加上现阶段的捐赠资金使用情况不够透明、信息公开机制不健全，难以取得人们的信任。

5. 校办产业效益低下，难堪筹资重任

校办企业经过多年的发展，在科技成果转化、资产增值保值、弥补教育经费不足等方面发挥过积极的作用。在新形势下，面对严峻的市场竞争环境，校办企业经过一段时间的红火后日渐衰落。部分企业运行状况不理想、效益低下，甚至亏损，在经济上不仅没有给学校带来贡献，反而拖了学校的后腿，甚至还出现违法违规的问题，严重影响了学校的声誉。

（三）高校筹资管理的优化策略

1. 建立规范化、制度化的募款机制

我国高校目前收到的募捐相对较少，高校募捐还处于摸索发展时期。目前，高校收到的募捐资金占学校教育资金的不到1%。相比于国内的高校，美国著名高校——普林斯顿大学，其2019年的教育资金中有63%是来自募捐，总数为140亿元人民币，因而需要积极推进我国高校募捐正规化、制度化。

（1）加大政府的制度支持

为了能够鼓励企业和个人等将自己的资产投入教育事业中，美国政府提出了很多的优惠政策，例如，对于一些为学校进行捐助的企业和个人采取免税政策，其中就包括企业税、个人所得税、遗产税等。我国社会各界的有识之士、企业、社会性组织应该认识到高校募捐的重要性，为教育事业添砖加瓦，为我国高校募捐正规化、制度化提供帮助。对此，我国政府可以借鉴美国的一些经验，虽然目前我国的税收制度与国外有一定的差异性，但是可以以此作为参考，对于一些向各个高校投入较大募捐资金的企业减免税收，或者在企业创新方面提供一些优惠政策。但是，由于目前这些政策还不够完善，因而在一定程度上限制了捐赠资源的拓展。对于一些向高校捐助的企事业单位及个人可以给予一定的精神性奖励或者名誉性奖励，以此鼓励更多的企业及个人加强对教育事业的输出。

（2）发挥高校专业吸引力

美国各界在向学校进行捐赠时，将捐赠的目标更多地放在了一些具有较强的创造力、学术能力相对较强的高校，希望这些高校能够为社会输出更多的杰出人才，使捐赠更具贡献性。很多企业及个人对高校捐款并不是因为这些学校处于资金缺乏的阶段，他们将捐赠的目标集中于实力雄厚、发展前景较好的高校，希望通过各个高校来增加企业及个人的社会地位及声誉。

对我国的一些高校来说，他们需要展示出自己高校的特色及亮点，吸引更多的企业及个人捐款，并且努力提高教育质量，提高学术创新能力，以此来回馈社会；同时增加高校的亮点，形成良性循环。因此，各个高校可以通过竞争的方式，提升各自的办学特色，通过"品牌"意识来提高学校的社会影响力和社会地位。

（3）建立专门的募捐筹资机构及专业化的募捐工作队伍

美国高校已经设置了较为完善的募捐管理机制，有专门的募捐机构对捐款进行监管，有专业性较高的人员对其进行管理、运作。有些高校甚至设置了专门的"院校发展部"，与各捐赠机构进行对接。筹资办学已经成为国外各高校教学资金的重要来源。

我国在十一届三中全会之后，教育行业开始提倡"产学结合"，鼓励各个高校接受社会捐赠，以此来增加教育经费，缓解教育预算无法落实的情况。而当前社会性的募捐存在不确定性的因素，并不能够为高校带来较为稳定的教育经费。

（4）引入激励机制，扩大募捐范围

如果单纯依靠捐赠者的高尚动机，是无法使教育捐助走向制度化的。高校应将激励机制引入募捐工作中，在募捐工作中逐步转变观念，不再把社会捐赠简单地看作一种无偿的、不带任何功利的、利他的公益行为，更不能只接受捐赠而不给予回报。高校可以根据捐赠者的款项和金额给予相应的荣誉或适当的物质回报，以激励捐赠者，这是促使高校募捐工作顺利进行的有效途径。

此外，高校募捐不能只局限于国内，还应通过各种途径宣传院校，积极进行劝募活动。目前，美国等发达国家和地区具有良好的捐赠传统和较完善的捐赠机制，国内高校应积极与当地的校友、华侨、知名实业家和社会名流加强联络，拓展海外捐赠渠道，争取巨额资助。在这方面，国内一些高校已经进行了大胆尝试并取得了成功。如清华大学、北京大学在美国各自成立了北美清华教育基金会和北京大学教育基金会（美国），通过它们直接在国外募款，并且取得了很大的成效。其他各高校可借鉴清华、北大成功的海外筹资经验，扩大自身的筹资范围，比如通过建立网站，高校可以加强海内外联络、简化捐赠程序、维护可持续捐赠系统、宣传捐赠事迹等，以筹得更多的资金。

2. 加快教育成本核算，合理确定学费标准

随着《事业单位成本核算基础指引》的出台及新政府会计制度的实施，高校必须加快建立以教育成本核算为基础的会计信息系统，准确核算教育成本，为确定财政拨款和学生缴费标准提供合理的依据。由于地区不同、层次不同、高校不同、专业不同，学生的培养成本存在较大差异，政府在调整财政拨款学费标准时还应当充分考虑学生及其家庭的经济承受能力，为确实贫困的学生提供国家助学贷款、国家奖学金，还可以采取慈善机构捐赠等方式帮其完成学业，这样既能满足学生的实际需求，又能满足高校的经费需求。高校通过成本核算可以优化资金配置，将有限的资金用到最需要的地方，使资金使用效益最大化。

3. 引入市场竞争机制，改革财政拨款制度

目前，我国高等教育正向大众化教育迈进，但高校普遍存在资金不足的情况，并且这一情况有日渐严重的趋势。这主要是由于高校对政府给予的财政补贴依赖度较高，同时高校还存在投入产出不成正比的情况，因此要解决目前高校资金短缺的问题，需要对现行的政府拨款制度进行改革。

（1）采用多参数的财政拨款模式

自20世纪80年代以来，为了提升高校办学的活力，我国采用了"综合定额+专项补助"的财政拨款方式，主要是以高校在校学生数量以及学生消费标准为依据而制定的，满足了当时高校发展的需求。如果高校想增加开支，需要申请专项补助。这种模式有利于学校有效地利用政府拨款，将拨款更多地用在提高学生教育补助方面。但是，这种情况也存在一定的弊端，就是不同高校之间、同一高校的不同专业之间，在进行拨款时存在盲目性，缺乏针对性，对于促进学生的学习效率并没有太大的激励性，容易导致教育水平的下降。

因此，高校可以引入不同的绩效指标来对教育经费进行分配，并且将常规拨

款与专项拨款分开计算，将高校工作人员、教师、学生人数以及校区面积等多种因素作为参考指数。

（2）建立相应的中介评估机构及高校绩效评估机制

通过中介评估机构对各个高校进行监管，评价学校绩效、教育经费利用情况是否合理、高效，是否存在不合理使用学校经费的情况，对该学校的绩效进行总体评估，并做出报告、公示。为了降低高校教育成本，提高高校绩效激励作用，可以引入市场化机制，通过"市场"调节的方式来管理学校的拨款。政府可以通过评估报告将所需要拨付的款项设置为"绩效预算"，这种方法将学校的在校工作人员以及学校人数考虑在内，并且将学校的科研水平、师生评价、社会评价等作为参考标准，使拨款更具客观性。相对客观的评估报告可以帮助政府更加合理地对各个高校进行拨款。

（3）建立独立于政府与高校之外的社会专门拨款机构

专门拨款机构是一个独立的社会性机构，既不属于政府，也不是高校附属的机构，是接受社会监督的独立拨款机构。这一机构主要是在高校接受政府拨款之后，根据政府拨款情况以及学校资金短缺情况来给予一定的资金拨款。这一机构的拨款是需要按照既定程序进行的，拨款方式、标准以及拨款使用情况等都需要接受社会监督。需要强调的是，专门拨款机构是禁止与政府部门或者被拨款高校进行直接接触的。

综上所述，在进行财政拨款时，可以选择多参数拨款模式，并且设置专门的中介机构对高校拨款情况进行评估，引入社会性的专门拨款机构，使我国高校的拨款机制越来越完善，通过创新模式来推动教育事业的改革。

二、预算管理

（一）高校预算管理概述

1. 高校预算管理的内涵

《中华人民共和国预算法》于1994年通过，并在1995年正式实施；2014年国家对其进行了修订，并于2015年1月1日实施。此后，2018年年底进行了第二次修正。2020年10月1日新修订的《中华人民共和国预算法实施条例》开始实施，充分说明了国家对预算管理工作越来越重视，也对我国的预算管理工作提出了高标准、严要求，预算管理逐渐成为政府重点要求的工作任务。近年来，财政部门也更加关注高校的预算管理工作,因此加强高校预算管理势在必行。

高校预算是高校依据其事业发展目标和年度规划而编制的年度财务收支计划,是高校财务管理工作中一项非常重要的工作,为高校的事业发展提供坚实的资金保障。精准、高效的预算管理可以有效提高高校资金的使用效率,优化高校资源配置,使高校更加充分地利用各项资源,保障自身快速、长远的发展。同时借助对高校资金的使用效果做出的合理评价,可以及时发现预算管理过程中存在的不足,以便进一步完善高校的预算管理。高校通过预算管理可以充分掌握各部门的资金使用情况,便于对预算资金进行全方位的管理,降低高校的财务风险,提高其资金使用效率,调动教职工工作的积极性。

2.高校预算管理的特点

随着有关预算的法律、实施条例不断更新完善,财政部门提高了对高校预算工作的重视程度,使得当前高校的预算管理呈现出全新的特点。

(1)预算资金多元化

财政拨款是高校预算收入来源的途径之一,它占据了高校资金的主要部分,是高校发展教育事业的重要保障。财政资金主要包含学校的人员经费、公用经费、运转类经费和特殊目标类的专项业务经费等。同时高校的资金来源还包括学生学费、住宿费、技术服务费、技能鉴定等行政事业性收费以及其他收入等,部分高校也存在合作办学与独立学院的收入。近年来,国家针对高校发行了专项债券,以此来补充高校的资金,满足其事业发展。多元化的资金增加了高校预算管理的难度,同时也要求高校做好预算管理,充分利用各项资金,以便资源配置达到最优。

(2)预算资金自主使用权受限

近年来,政府逐步完善了财政体系的建设,对于高校各项经费的管控也在不断地改进和加强。财政对高校所有的拨款,根据预算以项目为单位全部进入国库支付系统,生成计划指标。高校提交用款计划申请,等待财政批复后方可使用。国库支付系统上的所有资金并不像银行存款一样真实存在,其只是系统设置的虚拟用款额度,高校对这些额度只有使用权而没有所有权。当高校申请支付某笔经费时,由财政指定的代理银行进行划款结算。支付系统设置了较多的资金监控规则,资金使用如有不合理、不合规的均会被退回,很大程度上起到了监控资金使用的作用。

同时,对于学校的学费、住宿费等事业收入需要全额上缴财政专户进行管理，其额度返还根据当年学费、住宿费的预算金额返还到国库支付系统。近年来推行的预算一体化平台、中央转移支付平台、项目库平台等也都对高校的资金使用提出了更高的要求，这有效地防止了高校在资金使用过程中出现挪用、乱用的现象，但也很大程度上限制了高校对于资金的自主使用权。如果在实施过程中发现某项资金预算安排不足，也无法调用其他资金，那么很有可能导致该工作无法完成。同时，随着政府采购制度的不断改革完善，高校重大项目的招投标更加公平、公正、公开，由此强化了政府对高校资金的监督职能。所以，合理安排预算、做好预算管理对于高校的发展尤为重要。

（3）重视绩效管理

绩效管理被广泛应用于企业单位，是考核企业财务管理的一个重要手段。随着我国教育事业的发展，国家对于教育事业的投入逐年增加，教育资金的巨大投入使得高校资金难以管理，并且高校作为非营利机构，无法通过利润指标来判定其经营的好坏，所以绩效便是衡量高校发展的一个关键指标，同时也是政府部门对高校资金监管的一种方式。所以，政府部门更加重视高校预算资金的绩效管理，2015年我国首次将"绩效"一词写入了预算法，这也表明了政府部门在预算绩效管理方面的态度。财政部门试行的预算绩效管理平台也是为后续的绩效管理做好准备工作，同时，高校在申报特定目标的专项时也需要提供该项目的绩效目标表，通过一系列可量化的指标来反映项目预期带来的效益。对高校而言，其预算管理的资金量较大，要做好预算绩效管理的难度非常大。

（4）预算管理的全面性

预算管理的全面性体现在过程全面性、人员全面性以及收支全面性三个方面。过程全面性体现了预算管理是一种过程性管理，它需要建立完整的预算管理体系，从编制预算到执行控制预算，再到分析调整预算，最后考核评价预算，充分实现预算管理对高校资金的全过程管理，保障资金的使用效率，不断优化资源配置，从而发挥预算管理对高校事业发展的指导、推进作用。人员全面性指的是参与到预算管理中的人员要全面，从高校的财务部门到主管校领导，再到各个职能部门、各个院系的所有人都要参与到预算管理中来。财务部门负责组织实施预算管理工作，主管校领导负责预算的审核以及高校发展战略的规划部署，预算编制过程中的教职工信息、工资薪酬信息等需要人事部门提供，资产信息需要资产管理处提供，学生信息需要学生处提供，等等，这是一个全员参与的管理活动。同时预算在执行的过程中，也需要所有人员严格按照预算的收支安排执行，明确

第一章　高校财务管理概述

资金的使用范围，加快项目的推进，保障资金使用的效率，并随时跟进项目，做好绩效评价。收支全面性指的是预算管理的资金要全面，高校列入预算内的所有收入和支出都需要进行预算管理，避免出现遗漏现象。高校的预算收入涵盖了财政拨款、专户管理的教育收费、纳入预算的行政事业性收费以及其他收入等，预算支出涵盖了人员经费、公用经费、特定目标类的专项业务经费等。综上，预算管理要渗透到资金的执行、控制、调整以及评价的全过程中，使得高校资金合理分配、优化使用。

3. 高校预算管理的原则

高校实施预算管理要严格遵循政府政策的要求，坚持以下四项原则，提高预算管理的效率，为预算管理工作的全面实施奠定基础。

第一，高校要坚持"集中财力，保障重点"的原则，严格控制一般性支出，努力降低行政运行成本，统筹各项资金来源，着力优化结构，合理安排并充分利用预算资金。高校每年的财政拨款有限，学费、住宿费等事业收入也相对固定，在预算收入有限的情况发展教育事业，应该结合高校的战略发展目标来安排现有资金的分配，在保障高校稳步发展的前提下，集中财力发展重点项目，做到稳中求进、优中选优。

第二，高校要坚持"加强管理，硬化约束"的原则，在编制预算时不能凭空捏造，要严格遵守法律法规的相关要求，充分结合高校的实际发展情况，对预算的各项数据都要做到有理有据。并且在预算执行的过程中，加快推进高校预算管理制度的建设工作，凭借制度约束，规避预算在执行过程中存在的风险，提高预算的科学性、合理性和有效性。

第三，高校要坚持"强化绩效，提高效益"的原则，把绩效管理思想引入高校的预算管理工作中，构建针对预算工作的绩效管理体系。通过预算绩效管理，使预算内容更加科学精准，预算在执行时能够有效参照绩效目标提高执行效率，同时对预算进行有效的绩效评价，充分调动高校开展预算管理工作的积极性，并及时发现预算管理过程中存在的问题，不断进行优化和完善。

第四，高校要坚持"尽力而为，量力而行"的原则，合理安排预算收入和预算支出。高校在编制预算收入时要结合实际，做到不虚增、不漏项，与财政政策做好衔接工作，保障收入的可实现性；编制预算支出时坚持量入为出的原则，根据高校的实际发展需要和资金水平，科学核定支出预算，打破基数概念和预算支出固化僵化格局。

4. 高校预算管理的内容

（1）高校预算编制

高校预算的编制是高校依据每一年不同的工作计划而合理分配的，预算编制是一切预算管理的开始。预算编制工作是为了排除预算管理工作中的各种阻碍。高校必须将预算编制的工作放在重点工作之中，并且分析各类资金的诉求，尽可能合理分配。高校也需要编制政府部门预算和本校内的预算，按照相关流程，严格履行被审批下来的程序。

（2）高校预算执行调整

在预算完成编制并下达预算后，预算工作发展到执行这一环节。在预算执行过程中，每项经济业务的产生，都需经由财务人员将其录入财务系统，并呈现在最后的决算报表中。高校若想实现所定目标，则需要加大预算执行力度，因为预算执行力度才是能否完成预算目标的最重要因素。除此以外，预算在执行过程中还有可能出现意外状况，当遇到这些突发的情况时，需要调整原先的预算。

当然，高校不能任意修改自己的预算，因为预算本身的立意就是防止资金被任意调配。可是在执行过程中，如果真的超出了预算的计划，导致计划确实需要调整的时候，高校是可以按照相关规定及时对自己在一定数额内的资金进行预算调整的。而这一流程必须经过主管预算部门的审批。

（3）高校预算绩效评价

预算绩效评价本质上是事后控制的一种体现，它的立意是为了考核预算管理是否通过预算执行达成了目标。对一段时间的预算管理情况的评价目的在于不断优化管理，筛选出不足之处加以改进。所以，高校应该提升其对于绩效的重视程度，建立相关机制和考核部门，在一定周期内及时做绩效考核。

5. 高校预算管理的流程

高校预算管理共有四个流程——预算编制、预算执行、预算控制和预算评价。预算编制是高校预算管理中的基础环节，在预算编制时，通常采用的是"二下二上"的自下而上的编制原则，即高校财务部门在本年度将预算年度的预算信息提交上级财政主管部门，财政主管部门在数据库内对比信息上报正确后，向高校下达预算控制数信息；高校根据预算控制数对预算草案进行细化调整后再次提交给上级部门；根据部门给出的预算批复制定年度校内预算。预算执行是在预算编制完成之后，高校内的各部门按照预算文件下达的预算计划对经费进行合理支配。各部门按照量入为出的原则执行，执行预算的过程不仅是检查、监督资源使用是否符合预算目标的过程，而且也是高校不断提高预算管理绩效目标的过程。高校的预算控制主要包括事前、事中、事后三种控制。事前控制是指在正式编制预算前，需要先确定预算内容、编制预算的方法、编制预算的整体流程，通过对这三项内容进行事前控制，能够对预算编制有一个大体的把握，有利于建立预算考核指标，对预算绩效评价体系的开展起到基础作用。事中控制是指在预算执行中有效地掌控预算执行的情况，通过对预算动向的控制，能够发现预算执行中已出现的问题和即将出现的问题，对之及时解决并进行反馈。事中控制通常与会计核算相结合，以保证预算绩效目标的完成，确保预算支出经费使用的合理性和有效性。预算的事后控制是指在预算执行工作完成后，对预算目标完成情况进行统计评价，对预算情况进行总结分析，以提高预算管理的效率。预算评价是预算管理中的重中之重，通过建立健全预算绩效评价体系，对预算目标的完成情况进行绩效评价，对绩效目标完成率高的部门进行奖励，对未完成绩效目标的部门进行适当惩罚，以此来优化预算管理的整个过程，使资源利用率不断提高。

6.高校预算管理的方法

（1）增量预算法

增量预算法也被称为调整预算法，是最早的编制方法。增量预算法的意思是，按照年度成本支出加上推算在年度中可能发生的突发情况来增加或者减少既定预算的一种编制方法。增量预算法在执行层面是简单的，对编制者业务水平的要求较低，所以管理层比较容易认同。可是，在使用增量预算法时会发现，与上一个年度对比，就算不会增加大的开支，原来的开支项目也很难减少或降低，而且这个方法还容易让预算编制工作不平等，员工不再积极参与预算工作。如果在新的年度中，外部环境的改变较大，增量预算法会让整个预算编制脱轨，预算和实际情况的误差很大。

（2）滚动预算法

滚动预算的意思是在执行当下预算的每一个季度里，可以以月或者季度等为单位编制预算。在编制预算中，会计周期被分离出来，预算执行进度无限延长，并且会在一定周期里开始回滚，以从开始到回滚的周期作为一个固定的周期来编制预算，此方法叫作滚动预算法。这种编制方法的好处是，每一个层面的管理者都能够全方位考虑在一定周期里业务的开展情况，并方便统筹，能够让工作有序、合理地开展。再者，滚动预算还能够让预算保持连贯性，随时根据未来一个周期内可能发生的业务去调整下一个滚动周期内的预算,这样的预算更加贴合实际,并且可以控制成本,但是这种预算方法工作量仍然很大。

(3)零基预算法

零基预算法的计算过程是相对复杂的。零基预算法的意思是编制下一年度预算时,对于上一年的预算数据重新核实和检查。以零为基准,融合考虑学校之后的战略目标、教研目标、人员和设备增删等因素,自上而下、自下而上全方位综合评估学校下一年的预算。采用零基预算法的好处是,预算工作主要考虑未来发生的事情,而不是基于之前年度已有的收支情况。所以,对于资金的分配会更趋于合理化。但是,零基预算法也有其弊端,就是其理想化主义严重,在预算编制工作的过程中,工作人员要面对很烦琐的细节,工作量很大,对工作人员的业务水平是一种考验,也会导致编制成本偏高,还有可能造成形式主义。

(4)绩效预算法

绩效预算法是构建一套合理的评价体系,用预算绩效来量化资金的投入和使用效率,这样可以给预算执行部门相对合理的评价结果。绩效预算法的优势是,在使用的过程中,其原则是优先考虑高校的未来发展,从而进行预算编制。高校发展的实际情况都被指标化,算在绩效的一部分中,并且可以在执行周期过后及时评价绩效和推算效益,但是绩效预算法在构建这个体系时往往缺少合理的参考参数,预算绩效的几个特点就是编制预算需要成本计量、评价结果公开透明、侧重自我管理等。

作为最新的预算管理模式,绩效预算最主要关注的是如何构建一套完整的预算绩效评价体系,能够真实反馈资金的运行情况,包括活动展开的情况、教学科研的实际状况、社会效益等侧重点,并且还能够随时评估高校投产比现状,以此来优化高校资金的投入分配比例。

(二)高校预算管理相关理论

1.委托代理理论

委托代理关系的概念即委托人和代理人根据委托事项和委托义务以及委托中产生的资金费用等签订契约,由委托人授权代理人对委托事项进行操作。委托代理理论就是委托代理关系的衍生产物。

然而,在实践过程中的委托代理关系也存在一定矛盾,即委托人和代理人之间存在的矛盾。委托人一般是企业方,追求的是利润最大化,而代理人作为受托

第一章　高校财务管理概述

一方，收入为契约中约定的委托资金费用，追求的是轻松的工作和更多的休闲时间。在委托过程中，代理人会接触到企业工作的核心部分，对企业有着充分的认识，而委托人对企业的信息则不够了解。在对委托代理理论进行研究的过程中发现，在委托过程中对代理人实施有效的监督激励管理措施，可降低委托人的利益损失，使委托人和代理人双方互利共赢。

委托代理理论在高校的应用主要表现在预算管理中，涉及的组织和部门分别为政府部门、高校和社会公众。这三方共包括两组委托代理关系，政府部门和高校具有双重的委托代理身份，而社会公众既是委托方，又是受益方。高校的委托代理关系包括以下四个层面：第一个层面，社会公众与政府部门，这层关系中社会公众作为委托人，委托事项为社会公众受教育的权力，政府部门作为代理人，利用政府部门所拥有的公共资源来为委托事项提供服务。第二个层面，政府部门与高校，由于政府部门作为社会公众的代理人，要向社会公众提供教育服务，在第二个层面中，政府部门通过向高校提供教育资源和资金支持，间接地完成了对社会公众的委托事项，即在政府部门和高校的委托代理关系中，政府部门是委托人，高校为代理人。第三个层面，在高校内部也存在委托代理关系，高校作为委托人，将学校内部管理的权力委托给校内教职工，即教职工作为高校的代理人，为高校代为处理学校中的各项事务。第四个层面，高校教职工和学生之间也存在委托代理关系，即学生是委托人，委托教职工提供教学服务和行政工作服务，教职工代理人。

2. 新公共管理理论

英国学者胡德于20世纪80年代提出在公共部门内引入竞争机制，通过这种机制来激励工作人员，以改善管理工作中效率低下的问题，这种机制也被称为新公共管理理论。胡德强调要注重绩效和结果，提出了要明确制定绩效目标以及衡量绩效的标准，不仅要监督激励绩效目标的完成，更要注重产出的成果，绩效和成果同等重要，二者是密不可分的。新公共管理理论在预算工作中强调应以结果为导向，确定政府部门所需的资金，并衡量支出所带来的结果，即对社会造成的经济效益和社会效益，以达到提高资源利用效率的目的。

新公共管理理论在高校预算管理工作中的应用也较为普遍。新公共管理理论中强调绩效的重要性，即高校预算管理工作中也应注重绩效部分，涉及的绩效内容需要明确的考核。在预算管理工作开展前，高校应根据实际情况制定合理范围内的预算绩效目标，并为其设立科学的绩效指标。除绩效外，新公共管理理论也强调注重结果，在高校中预算管理工作应做到资源合理利用，保证资金利用率高。

(三) 高校预算管理存在的问题

1. 预算编制缺乏目标导向

预算编制与事业发展规划脱节，缺乏明确的目标导向，难以发挥预算管理对资源的有效配置作用。高校大多采用"基数＋增长"的预算模式，预算编制重增量、轻存量，采取固化的资金分配格局，忽视了存量资金效益，导致资源浪费、重点建设不聚焦、预算统筹能力弱等问题。具体表现在以下方面：碎片化，没有系统的部门规划和校区规划，预算申报缺少全局观；拍脑袋，预算申报缺少充分的调研和论证，提出很多不切实际的目标和行动方案；报大数，预算报多了最后花不出去，而需要预算支持的项目却没有预算。

2. 预算编制方法存在缺陷

根据省政府及财政厅相关财政改革制度的要求，省属高校要按照省内统一规定的时间和编制准则来编制部门预算，在编制部门预算的基础上根据支出计划向财政申请授权支付和直接支付权限，这一系列规定要求高校的部门预算在编制过程中要做到分类准确、项目详细、用途缜密等，不然就不能保证财政资金授权支付的有效使用，且计划外的支出项目无法得到有效保障。

高校财政拨款的使用方式是通过国库集中支付，这与以往的预算管理体制相悖，财政性资金不直接下发到高校账户，而是统一纳入国库零余额账户进行管理，每项支出都有具体的划分，因此要按照划分的功能科目严格执行，不允许跨项支出。在高校实际工作中，科研经费定额可能与预算编制定额相差较大，但预算每一项都有固定的科目，经费缺口不能用其他项弥补，这就相当于每一项支出都要单独核算。高校的科研项目与教学活动繁多复杂且与校内行政管理工作紧密结合，但是受到各项外部因素的影响，学校的实际需求在预算编制过程中不能全部考虑到，高校的预算编制工作是存在缺陷的，无法做到完全、准确和合理。

3. 预算编制内容存在差异

在部门预算和校内预算的编制过程中应包括预算年度各项可能发生的收入和支出项目，但在实际操作中，部分当年度未使用完的资金并未收回，也未统计在上年结余项目中，这导致了结余资金未纳入预算情况的发生，使得实际收入和支

第一章　高校财务管理概述

出不匹配。高校按照财政定额标准编制公共经费，但是公共经费中的办公经费和科研经费在年末时可能存在结余。根据高校预算管理办法，上年度结余可以在预算年度继续使用，即在编制过程中收入部分只考虑了财政拨款和当年度校内拨款资金，而没有考虑到上年结余在本年度支出的部分，失去了对这一部分资金的监督和管理。

政府采购制度的实施对预算管理中的政府采购项目的编制也提出了很高的要求。在预算编制过程中，高校要提前申请政府采购项目，并附有详细的年度采购计划书。计划书中不仅要提供翔实的技术指标、商品数量和质量、商品金额等一系列指标参数，而且还需要预估这类政府采购项目给学校带来的效益。但是，由于项目的申请和执行时间之间存在较长的时间差，导致政府实际采购金额与项目申请存在一定的差异。

4. 预算执行控制乏力

一是预算执行职责不清，监督不力。预算执行责任权限不明确，职能部门与预算使用部门相互推诿，缺少相应的考核奖惩机制，预算执行缺乏危机感及动力。二是预算执行与业务管理脱节。职能部门或项目负责人缺乏对学校整体发展的理解和支持，预算执行内容与预算编制内容存在偏差，导致预算结果与预算目标南辕北辙。三是预算支付管理面临的问题。职能部门与预算使用部门的前期准备工作不充分，财政资金一般下拨较晚，如果等财政拨款下拨后再启动项目的前期工作，势必造成资金支付缓慢。

5. 预算管理重视不足

在进行预算管理工作时，计划财务处需要向上汇报、向下对接。预算管理工作是计划财务处牵头，各部门共同参与完成的一项工作。但是，由于预算工作在范畴上属于财务工作，导致除计划财务处外其他预算主体部门对预算管理工作的重视度不高，配合计划财务处的预算工作只是为了帮助计划财务处开展工作，与各自部门的工作联系不紧密。所以，当高校的计划财务处向校内各行政机关及院部单位推行预算工作时，有部分单位并没有重视，也没有及时将这项工作落到实处，常常在截止日期后还需一催再催。由于缺乏对预算管理的重视，部分校内部门对整个预算管理工作并不了解，对预算管理工作的组成结构没有概念。

6. 缺少预算管理绩效评价观念

高校预算参与人员缺少预算管理绩效评价观念主要体现在未设置绩效目标和预算编制不科学两方面。

目前，高校没有设置绩效目标，在得到部门预算批复后，高校财务人员会根据上一年度会计决算信息对各部门经费的使用情况进行统计，并结合各部门自行申请的预算经费，在合理分配收入的情况下，尽可能地满足各部门对于预算经费的需求。但由于缺少预算管理绩效评价观念，没有制定预算绩效目标，在预算年度结束后，也没有进行预算绩效评价。不论预算经费的完成情况如何，各部门预算参与人员在申请预算经费时很少出现较上一年经费减少的情况，而是逐年递增，并没有考虑资金实际利用率和本部门实际花销情况，导致资金利用率不高，资源没有得到合理分配。

7. 预算绩效运行监控不到位

预算绩效运行监控在预算绩效管理全流程中起着至关重要的作用。就当前实际情况来看，高校在预算绩效运行监控方面还缺乏有效的内外部监督机制。就外部环境来说，除了审计和纪委巡视，上级部门并未设置单独的绩效运行监督机构。对预算单位绩效运行考核时，基本只采用预算执行率，忽视了资金投入与成果产出，一定程度上很难对预算绩效目标是否偏离进行监控，未能达到监控目的，落实监督责任。就内部环境来说，一方面，在上级部门下达预算绩效监控任务时，高校财务部门要按照上级部门要求进行相关数据填报并完成考核。也就是说，从预算绩效目标设定、预算编制到预算绩效运行监控、预算绩效评价这个"评估、执行、监督、评价"的过程中只有财务部门及相关业务部门参与。身兼多职的财务部门很难做到权责分明，缺乏第三方如校内审计部门的监督。另一方面，财务部门在对日常预算绩效进行监控时，仅能对预算执行过程中经费支出的合理合规性进行审核，无法对预算项目是否完成阶段性目标进行有效监督。

8. 预算绩效考核过于形式化

许多高校预算绩效评价机制尚未健全，缺少完善的绩效考核制度。对于经费使用混乱、无计划、乱采购、预算执行力差、财务不规范的业务部门缺乏惩罚机制，对于经费使用秩序良好、经费使用效率较高的业务部门又缺乏奖励机制，绩效考核机制未能做到公正、公开、透明。

9. 科学预算绩效评价体系未建立

预算绩效评价是指对预算编制、执行、控制等几项工作进行考核，而预算绩效管理是针对预算目标完成和资源配置情况进行总结和考核。对校内各部门预算完成情况进行绩效考评，有助于了解各部门预算绩效完成的情况，从而评估学校整体预算完成情况。在建立科学预算绩效评价体系这一方面上，高校还处于起步阶段，还未形成一套完整科学的评价指标体系，也没有从预算事前、事中、事后三个方面对预算进行管控。

高校目前主要依据国家政策和上级主管财政部门的要求进行预算工作，还没有依据自身发展情况制定适合自己的预算绩效评价体系。绩效评价是考核高校预算管理工作完成情况的重要指标，能够帮助高校管理者和财务负责人了解预算结果的有效性，从而推动高校优化资源配置，最终促进教学发展。

由于高校未建立绩效评价体系，绩效评价无法贯彻在整个预算管理过程中，因此难以对预算工作进行改进和完善。

10.预算绩效评价结果运用不理想

预算绩效评价结果的充分运用是全面实施预算绩效管理的最终目的。预算绩效评价的目的不仅在于对现存问题进行分析与掌握，更在于解决问题，提升资金管理水平与使用效益。但在实际工作中，多数高校未建立绩效评价结果运用反馈机制，难以将评价结果运用与奖惩机制、资源配置、预算管理等进行有机结合，存在"重评价、轻应用"的现象。此外，参评的业务部门仅将此项工作当成一项任务完成，评价结束则代表这项工作完成，不关注评价结果分析。这就导致绩效评价表面化，无法充分发挥其对实际工作的约束、监督和促进作用。

三、资产管理

（一）高校资产概述

1.高校资产的概念

高校资产指高校占用、使用的，经过相关法律确认其所有权属于国家的，其价值能够用货币进行衡量的各种经济资源的总和。除此之外，国家通过财政拨款给予高校的资产、高校遵循相关政策利用财政拨款进行投资获得收益后购置的资产，以及经过国家合法程序认定所有权归属高校的资产，这些均可以纳入高校资产的范畴。高校资产源于国家财政拨款，其资产的所有者权益自然归属于国家所有，但高校依然享有资产的内部监督管理权、资产的合理使用权。资产是高校可持续发展的前提，是高校进行科学技术研究、培养优秀人才的基础和保障。

2.高校资产的分类

（1）根据资金周转和变现的能力划分

高校资产根据资金周转和变现的能力可以划分为两种类型：一是流动资产，

二是非流动资产，两者共同组成高校资产的整体结构。高校流动资产是指能在1年时间内（不包括1年）的1个营业周期内完成变现或耗用的资产。高校非流动资产是指能够在1年或大于1年时间内的1个营业周期内实现变现或耗用的资产。具体分类如表1-1所示。

表1-1 高校资产的分类

流动资产	非流动资产
货币资金	长期投资
短期投资	固定资产
财政应返还额度	在建工程
应收票据	无形资产
应收及预付款项	长期待摊费用
其他应收款	
存货	

（2）根据资产创造价值的形态划分

高校资产根据资产创造价值的形态可以划分为两种类型：一是有形资产，二是无形资产。高校有形资产是指体现出明显实物形态的资产，常见的表现形式涵盖高校内部建设的大小建筑物、高校采购的教学科研设备、后勤生活用品等。具体有以下几种：①生活类有形资产。具体指食堂、校舍、招待所、宾馆、交流中心、空调、热水供应等为了保障师生、学校工作人员日常生活所需的资产。②教学类有形资产。具体指教室、图书馆、运动场、体育场馆等教学设施。③实践类有形资产。一般涵盖高校建设的实验室、高校建设的监测中心、高校建设的实训基地、高校建设的实训厂房、高校采购的实训机器设备等。

高校无形资产的概念可以理解为高校按照法律法规使用的、无法表现出明显实物形态的、侧重于理论教学的、能够为学校带来可观效益的各种资源的统称。具体有以下几种：①人力资本类无形资产。主要指高校内部专业人才的优秀素养，如高校教师、研发人员、行政人员以及学生的专业思维和学识等。②知识产权类无形资产。一般指以智力成果为表现形式的独占性资产，包括高校的著作、发明的专利、技术和科学实验成果等。③品牌类无形资产。主要指在教学领域内具备的影响力、号召力和组织凝聚力，它们的价值高低主要取决于高校的办学水平与办学质量，主要表现为高校在社会上的声誉、荣誉称号和办学特色等。

3. 高校资产的特点

高校占用或使用的资产有以下两个特点。

（1）固定资产占比高

高校占有和使用的资产以非流动资产为主，固定资产在高校非流动资产中占比最大，具体表现在两个方面：一是种类庞杂，包括房屋及建筑物、教学科研设备、交通运输设施、文物和陈列品、图书档案等，其中，房屋及建筑物是高校肉眼可见的重要资产，而校内的教学科研设备是高校最具价值的重要资产之一，因此固定资产占据重要地位。二是分布范围广泛，由于高校的固定资产价值较大且使用频繁，高校各学院都需要精密的科研设备和价值较高的教学设施等，因此固定资产遍布各学院。由此可以看出，有针对性地强化固定资产管理，加快固定资产使用效率，优化固定资产的管理制度，会带动高校资产管理效率的整体提升。

（2）无形资产具有特殊性

无形资产能够在短期或长期内实现价值增长，因此较有形资产而言，无形资产的特殊性表现为它可以增值，能为高校的可持续发展注入不竭动力。具体而言，知识产权类无形资产，如专利、著作等，作为高校核心的无形资产，可以为高校的教学科研活动提供技术支持。科研教学成果的有效转化能够为高校带来收益，是高校不可估量的价值财富。品牌类无形资产代表着高校的外部影响力，可以吸引更多优秀的教学科研人才加入高校教学科研团队，促进教学科研成果的产出，进一步提升高校资产管理的效率和效益。同时，人力资本类无形资产也为高校做出了突出贡献，在保障人才培养质量、助力高校资产管理方面取得了良好的效果。

因此，高校无形资产特殊且具有增值性。加强无形资产管理，对于资产管理水平的提升有十分重要的促进作用。

（二）高校资产管理概述

1. 高校资产管理的概念

对高校而言，所谓资产管理是指对其拥有的各类资产开展经营活动，包括组织、指挥、协调、监督和控制资产的行为。具体来说，高校资产管理也可以这样定义，其是指高校资产管理者采用一定的措施和手段充分利用高校的资产，以及引导和组织全校师生实现资产管理目标的一种活动。

2. 高校资产管理的目标

高校应该对资产加强监管，确保高校的资产处于平稳运行的状态，依据科学规范、从严控制、保障事业发展的原则实现资源的合理分配。同时，建立健全资产共享、共用的管理机制，加快资产使用效率，呈现良好的管理效果。因此，在具体管理过程中，高校管理者应该明确积极的资产管理态度，形成良好的管理意识，合理配置使用资产，避免资产遗失，要重视资产闲置、浪费等造成的隐性损失。高校要立足于自身的实际情况，避免资产随意投入，将共享机制广泛运用到管理资产的过程中，提升资产管理效率，发挥资产应有的效能，保障正常教学活动的开展，为国家和社会源源不断地输送高质量人才和教学科研成果。

健全行政事业单位资产使用管理制度，提高资产管理效益。作为行政事业单位的一员，高校已有资产的规模持续扩大，但是实际的资产管理往往较为滞后。因此，在具体管理过程中，高校的领导者和资产管理者要重视对存量资产的管理，充分开发利用已有资产，避免出现账实不符、实际规模不清、资产成本核算混乱的现象，维护好资产的安全与完整，优化教学资源配置，让资产更多地投入教学科研工作中，加强对教学科研设备等资产的使用管理，让高校产出更多的人才和教学科研成果，提高资产运行效益。

总体来说，高校资产管理的目标有：实现资产的合理配置，增强资产利用效率，建立健全资产管理共享平台，维护好资产的安全性和完整性，让高校的资产在教学、研发、社会服务等领域做出突出贡献，满足学校各方面工作的需求，服务于学校事业的可持续发展。

3. 高校资产管理模式

目前，大多数高校对资产实行"统一领导、归口管理、分类负责、责任到人"的管理模式。在高校内部，资产管理是由校长统一领导的。与此同时，资产被归口、分类管理，学校各大资产管理职能部门需要依法履行应尽的义务，切实规划好资产使用流程，规定资产使用权限。各大资产管理职能部门需要根据高校管理制度的要求，制定并组织实施所分管资产的具体管理办法，分类负责资产占用、使用过程中的管理工作。其中，分管流动资产的管理部门是财务处，分管非流动资产管理的管理部门是资产与实验室管理处。一般高校设置档案馆专门保存各类档案资料，设置图书馆专门管理高校图书资源。

分管有形资产的管理部门是资产与实验室管理处、基建处，分管无形资产的管理部门是校长办公室、宣传部、科技处、科技成果转化中心办公室、人文社科处。高校应加强资产内部监督力度，形成激励约束机制，一旦资产管理出现问题，需要遵循规章制度进行处理，追究个人责任。

（三）高校资产管理存在的问题

1. 资产管理不科学

对高校资产进行管理是财务管理部门的一项重要职责。高校资产形态具有多样化的特点，不仅包括有形资产，如教学楼、图书馆、课桌等，而且还包括无形资产，如科研成果、专利等。如何对这些资产进行高效率的管理是高校管理人员需要重点考虑的问题。随着高校规模的扩张、科研成果的增多，对这些新事物的管理成为高校财务管理的一项难题。

（1）高校资产的数量不明晰

部分高校内部管理混乱，导致资产所有权归属不清、登记的资产与实际情况不符，某些部门在缺少相关手续的情况下利用教育经费购置教学设备，且购置后没有进行备案，导致相关管理人员清点时出现"有物无账"的情况。

（2）高校资产流失严重

我国大多数高校资产属于国有资产，管理层对资产只具有管理权，常常出现后勤部门或者工作人员长期无偿使用的情况，导致资产无法产生应有的收益，间接导致资产流失。

2. 资产项目执行仓促

高校教育规模的不断扩大使得高校内部的资产采购项目越来越多。但是，无论是科研教学设施的采购，还是课程的制作、系统的开发，都需要采用政府采购或者校内委托采购等组织模式。采购形式的多样性以及项目的复杂性使得项目立项部门需要加强对项目技术参数等指标的审核。另外，在政策日益严格的情况下，立项周期也越来越长。为了追赶进度，很多项目开始采用集中采购方式。资产项目的执行越仓促，在验收支付阶段就越容易出现问题，对于高校的稳定发展影响也就越大。

3. 资产盘点功能不完善

目前，我国高校对智慧资产的认可能力并不高，这主要是因为高校资产管理功能单一，在实际资产管理中，只采用分类管理的方式进行统计；对于虚拟资产统计来说，也只运用于其并不搭配的数据整理方式，无法准确地盘点如桌椅数量、使用时间、维护时间等资产信息，导致无法与高校教务管理工作人员进行数据匹配，提供的数据缺乏准确度。同时对于类似教学方案、教研成果、教学研究、学业论文等资产无法与高校教学人员实际工作成果相匹配，无法满足高校提高教学质量与效率的要求。一旦资产管理模式过于单一，就无法将智慧资产管理模式运用到高校管理中，阻碍了高校的进一步发展。

同时，由于高校资产盘点不完善，导致缺乏监管力度问题的出现。高校为了进一步发展不断进行扩大，投入大量资金进行高校基础设施建设。资金来源除了政府扶持、学生学费以外就是银行贷款。高校的银行贷款缺乏上级领导部门和银行部门的监管，高校自身也缺乏健全的监管体系。由于监管不力，部分高校为了短时间内获得大量资金，没有考虑偿还能力，就向多家银行贷款，缺少健全的还款方案，最后只能依靠流动资金进行日常运营，在很大程度上造成资金流失，加大高校日后发展的风险，对其造成不利影响。

4. 资产管理机制不完善

高校资产管理工作的顺利开展，离不开相应管理制度的稳定运行。如果资产管理制度不完善，将无法对资产管理过程中的教学设施采购、资产处置以及资产报废等环节进行严格的监督，进而影响高校资产管理工作效率的提升。如果高校资产管理制度仅针对会计制度的相关规定，一旦发生人员变动，资产的交接也会发生相应的变化。另外，受到多种因素的影响，高校中部分资产的管理还存在责任不明确的问题。如果资产管理出现问题，将无法在短时间内找到相关责任人，保证资产管理问题的解决效率。

5. 高校资产配置不合理

我国行政事业性国有资产管理的第一部行政法规《行政事业性国有资产管理条例》(国务院令第738号，以下简称《条例》)自2021年4月1日起施行。《条例》规定高校应当依法依规履行相关职能，根据高校发展的需要、实际资产存量、资产配置相关标准、资产绩效目标和财政承受能力等来统筹配置资产。经调查，许多高校未能有效合理地选择资产配置方式，未能优先通过调剂方式配置资产，有关资产配置的重大事项未及时经学校可行性研究和集体决策。某些二级学院、部门缺少大局观，部门化、个人化狭隘思想严重，贫富不均、超标准申购、不考虑性价比、短缺与闲置浪费并存等情况时有发生。

6. 对资产缺少清晰的认知

高校的资产资源数量多且种类复杂，因而无法对其采用量化的方式进行盘查。

学校只注重实际资产的数量与盘点，忽略了虚拟资产以及潜在资产的存在，并没有对其进行汇总与分析。与实际资产相比，利用空间的优势更集中于虚拟资产和潜在资产中，它们的资产利用空间更丰富，并且可以创造出更多的有利价值。

7. 高校资产变动调整不及时

资产使用人、资产使用管理部门因人员调整、离退休等发生变化的，应当及时提交资产变动交接手续。当前，大多数高校的资产管理部门会按照上级文件要求定期清查高校各部门的固定资产，但是在实际操作过程中，一般是由资产实际使用部门来进行部门内资产盘点的，这使得资产清查工作的效果无法得到有力保障。在部门自行盘点资产的过程中，容易存在不合规的情况。例如，部门人员调整后，没有及时移交资产，当前资产使用人情况不符；或者部门资产盘点工作不扎实，现存入账资产账目不符等情况。

8. 高校无形资产管理有待改善

随着高校逐年发展，累积的无形资产规模日趋庞大，但是近年来，国内外部分高校存在着不同程度的无形资产流失现象。这一情况直接造成了高校资产的流失和浪费，也损害了高校的现有资产管理。无形资产相对于有形资产而言，由于没有有形的形态，容易被管理部门所忽视。诸如专利权、非专利技术、著作权、科研项目、科研成果等，不少高校资产管理部门并没有认识到它们的重要意义，没有建立管理无形资产的相关制度。以上情况说明，目前高校无形资产管理意识淡薄，没有充分认识到无形资产的价值与其所带来的经济、社会效益。

9. 高校资产管理人员不足

近年来，随着高校的飞速发展，资产规模日趋庞大，资产管理队伍人才不足，导致工作量过于庞大，资产管理人员不堪重负。结合当前国内高校情况，部分资产管理部门中年长的教工相对较多，年轻专业的资产管理人才相对不足，且管理人员队伍中兼职资产管理员占多数，人员流动性相对较大，由此出现了资产管理人员不稳定、积极性不够、专业管理能力不高等问题，使得高校资产管理队伍整体素质短时间难以迅速提高，影响资产管理过程中现代信息化技术等先进管理手段的应用和推广。

10. 资产管理人员欠缺专业能力

资产管理人员欠缺相应的财务知识，大多数只停留在利用资产软件进行登记入账、变更信息、查询资产等，没有充分利用资产管理软件的图表功能与财务软件自动对账功能等，数据挖掘、分析、应用不足，无法为资产配置使用、资产运行与维修、业绩考核等提供强有力支撑，使资产管理效率大打折扣。

11. 资产管理信息化水平有待提高

（1）资产信息化管理意识淡薄

资产管理人员对信息化管理理念的理解不够深入，认为引入管理信息系统就能实现资产的信息化管理，并没有从本质上意识到资产信息数据库对高校建设和发展的深远影响，缺少主动思考如何利用信息资源来优化管理流程的动机和能力，这对高校全面推动资产信息化管理工作造成了阻碍。

（2）资产管理信息系统建设严重滞后

一方面，部分高校引进的资产管理软件功能不全，仅能进行数据汇总和统计，无法实现资产全生命周期的动态管理。此外，高校存在重购置、轻管理的现象，导致资产信息化管理主要体现在部分环节的静态数据管理上，并没有实现资产的动态管理，造成资产信息不全面，无法为资产管理后续分析及预测工作提供有力的数据支撑。另一方面，智能化管理、大数据分析、人脸识别等现代化技术在高校资产管理领域的使用相对滞后。高校虽然在资产管理信息系统建设初期已采用当时较为先进的管理信息系统，但在具体使用过程中，高校对其重视程度不够，持续的信息化建设资金投入不足，且在引进新技术方面缺乏自主性和灵活性，难以及时购置更新软硬件设施，造成系统更迭速度较慢。

（3）缺乏对资产信息数据的充分挖掘

目前，国内高校资产的信息化管理仍处于起步阶段，对资产信息数据的利用以资产状态的统计汇总为主，缺乏对信息数据的充分挖掘，没有充分发挥出信息数据可以为管理者决策服务的价值。

（4）管理人员信息化专业素质不高

管理人员的专业技能和工作水平也会影响高校资产管理的效果。大多数高校对资产管理的重视程度不够，高校财务管理人员的专业素质总体不高，高校缺乏足够的信息学、金融学等专业人才，这是资产管理信息化建设过程中的一个重要问题。除此之外，部分高校未对资产管理人员进行系统性培训，因此，资产管理人员对资产管理理念的更新和信息技术的发展了解不够深入，缺乏资产管理信息化建设的创新能力。

12. 资产管理部门与财务部门的账目不相符

一是资产管理系统与财务系统个别资产分类不一样，资产系统中分类更详细，致使资产部门与财务部门资产大类价值不一样。二是部分高校资产管理系统与财务系统没有相互连通，且部门不同，一直以来都是资产部门重视实物管理，财务部门重视账务管理，一般一年对账一次，致使有些财务部门未见资产部门的入账单就进行报销，还有部分资产部门已入账，财务部门报销单未计入固定资产，进而造成两个部门的资产价值账目不相符。三是财务部门对固定资产记录入账设置不够详细，有的财务部门在登记固定资产时只是记录固定资产总值，没有反映固定资产的详细信息，财务账面价值无法反映资产构成及数量，导致实物脱离账面价值的控制。四是财务会计信息变更不及时，如对固定资产调入、捐赠等形成的资产不及时入账，有的甚至不入账，对报废和处置的资产不及时调账，造成资产管理部门与财务部门资产价值不同。

13. 资产管理系统与财政系统没有准确对接

目前，高校都会使用资产管理系统进行日常资产管理，如日常资产调拨、变更、入账、查询等工作，资产管理系统与财政系统之间相互独立，财政系统与资产管理系统之间未能实现互联互通；或者就是资产管理系统中进行信息变化时财政系统也需进行相同的重复操作，这就使得资产管理工作效率低下；或者就是只在资产管理系统中进行日常管理操作，财政系统只是年终进行报表上报工作，这就使得资产系统中资产进行调整时财政系统中存量资产信息尚未调整。另外，资产系统与财政系统中个别大类对应不上，导致个别大类资产总值对应不上，相应的两个系统中的折旧金额不一致，两个系统相互独立，没有准确对接，难以达到财政系统对各单位日常使用资产管理系统的监管。

四、内部控制管理

高校应该不断完善财务管理的相关制度，强化高校经济的控制力度。首先要遵守国家相关财经法律法规，结合高校自身的实际情况和特点，制定出适合自己的经济制度和财务管理办法；其次将财务监督和民主监督有效地结合在一起，合理进行内部审计核查，保证高校各项财务工作合法、有序开展。

（一）高校内部控制管理存在的问题

1. 内部控制意识不强

内部控制执行受人为因素的影响，人员的态度和知识结构直接影响内部控制在高校推进的速度。当前，由于高校的运营资金大多依靠财政直接拨款，大部分高校从管理层到普通教职工都没有意识到内控制度对本单位发展的重要性，缺乏对内部控制的基本认识和判断。管理层没有把加强内部控制放在和提高高校办学水平同等的地位，对内控建设处于比较忽视的状态，而管理者的这种态度决定了内控制度难以发挥有效的作用。普通职工知识结构和专业素养不够，尤其是内控关键岗位管理人才匮乏，导致高校内部内控认知缺乏群众基础，拥有高度内控意识和内控知识的人员只占少数，影响了高校内控制度实施的效率和效果。

2. 内部控制制度不健全

（1）内部控制缺乏有效监督

高校内部控制能否发挥作用的关键是看内部控制的参与度以及最终由谁负责。高校通常是各学院、各部门负责人对他们管辖范围内的内部控制负责，大多数的教职工都处于内部控制之外。纪委监察部门和内部审计部门都是高校内部的职能部门，处于高校党委行政领导之下，这使其独立性和权威性受到严重影响。很多高校一般由校长直接分管，很难出具一张独立的不受干扰的审计报告，少数人还拥有凌驾于内控之上的特殊权力，审计监督部门被边缘化，不敢行使监督权。

（2）内部控制范围狭窄

高校通常关注的只是招生就业情况、预算执行情况、基本收支情况，在人员层次上没有涵盖各级各类人员，在业务流程上没有渗透到各个环节，在对象上没有涉及各项业务管理活动。例如，在合同签订执行过程中只注重合同的评审和签订，不注重合同的监督执行，很少分析合同变更的原因，使得实际执行情况与原合同内容脱节。

（3）校内各部门内部控制协调性不强

很多人认为内部控制就是财务控制，把内部控制看作财务部门的责任，结果抓内部控制的只有财务部门，校内其他部门不与财务部门配合，甚至对财务部门产生严重的抵触情绪，使内部控制得不到有效执行。

（4）内部控制僵化

内部控制制度不能随着外部办学环境的变化而变化，内部控制流程再造不及时。一般高校的内部控制工作又过分依赖财务软件管理系统中的定量数据，缺乏定性分析，不能预测未来的发展趋势，从而造成管理混乱，在遇到新情况、新问题时不能迅速采取有效的应对措施。

第一章　高校财务管理概述

3. 对风险管控关注较少

内部控制要求高校在依法依规使用管理教育经费的基础上，健全教育廉政风险防控机制。高校掌握了大量的社会公共资源，在进行资源资金分配和使用过程中，由于内部控制制度不健全或执行不到位等原因，违规行为时有发生，所以高校必须高度重视风险管理，不仅要关注财务风险，而且还必须关注战略风险、运营风险及法律风险等，提升风险管控能力。

4. 内部控制信息化建设滞后

信息系统可以实现经济活动、内控流程与单位信息系统的无缝对接，从而减少人为因素的影响，确保信息安全。目前，我国高校信息化建设重业务而轻管理，未能有效嵌入内控的理念和方法。内部各部门有各自的信息平台，不能实现对控制资源的共享和控制职能的整合，既造成资源的浪费，又使各部门互相推诿扯皮，导致内控管理水平低下、运行效率不高。

5. 内部控制评价体系运用不成熟

第一，高校对内部控制评价的认知不足。高校作为事业拨款单位，其领导层对资金运营、风险防控的敏感度较差，缺乏对内部控制内容与方法的有效认知。

第二，内部控制评价体系未能形成闭环，缺乏运营分析控制。现阶段，高校制定内部控制评价指标注重目标的实现，忽视运营分析控制，致使通过内部控制发现风险却难以准确把握风险点，仍需通过人为分析做出风险应对，内部控制评价结果的实践性较差。

第三，高校内部控制评价客观性差。我国高校内部控制评价方法多以定性指标为主，主观因素对结果影响较大，而不易量化的指标缺乏可靠性，使内部控制评价结果缺乏客观性和全面性。

6. 内部控制评价报告利用程度低

第一，高校内部控制缺乏自我评价。我国内部控制评价体系主要包括自我评价和监督两方面，在实践过程中，高校的内部控制自我评价过程极为重要，能够发现高校存在的问题并提出整改措施。但现阶段，高校内部控制评价报告利用程度偏低，自我评价过程有所欠缺，整改报告只停留在字面意义上，缺乏实践性，致使应解决的问题未得到有效处理，内部控制评价体系失去原有价值。

第二，高校内部控制评价报告透明度不高。信息透明化能促使高校从"管控型"向"服务型"转变，有利于加速内部控制评价体系的建设。

（二）高校内部控制管理的优化策略

财政部于 2012 年出台的《行政事业单位内部控制规范（试行）》，构建了内部控制的基本框架，随后国家出台了一系列内部控制方面的规章制度。尤其是 2016 年教育部针对高校特点，依据相关法律法规出台了《教育部直属高校经济活动内部控制指南（试行）》，为高校内部控制实施提供了针对性指导。但不同高校具有不同的发展环境和特点，高校必须在上级部门规章制度的框架下，制定适应本校需求的内控体系。内控体系的构建应贯彻以流程为载体、以风险管控为关键、以岗位授权为约束、以规章制度为保障、以信息系统为支撑的内控建设工作思路，从设计和运行两个方面确保内部控制的有效性。

1. 加强顶层设计

高校肩负着培养人才、发展科技和服务社会的多种职能，拥有多种社会经济资源。为充分发挥高校的职能、合理有效配置资源，需要建立完善的内部控制体系。为此，高校应加强顶层设计，设立内部控制设计和建设部门，制定内部控制规范文件，各部门制定的制度必须符合学校内部控制制度要求，不能仅根据本部门需要随意出台制度，造成制度的模块化、碎片化。

2. 建立内部控制体系

全面预算管理是内部控制活动的重要形式，单位应当建立"以预算管理为主线，以资金管控为核心"的内部控制体系。通过预算这一基本控制方法，将单位所有业务衔接起来，将全面预算管理融入学校各项经济活动，使内部控制各环节充分融合。

高校应建立健全预决算管理体制和运行机制，明确各相关部门的职责权限、授权批准程序和工作协调机制。完善收支管理制度，明确收支范围和支出审批权限，及时更新收支标准，梳理收支业务工作流程，查找风险点，加强关键环节的控制。合理设置收支业务相关岗位，利用记账、核对、岗位职责落实、职责分离、档案管理、工作交接程序等会计控制方法，确保单位会计信息真实完整，消除人为操纵因素，规范收支管理。

3. 强化内部审计建设

内部审计部门在高校内部控制中具有组织、引导和协调的重要作用，强化内部审计建设是提高审计效率的重要途径。

第一，应加强内部审计部门的独立性和权威性。我国大多数高校已经设置独立的内部审计机构，但其自主性还需进一步增强，着重加强经济责任及管理效率审计，而非简单地审核采购合同、招标程序、原始会计凭证等。

第二，应加强内部审计专业化队伍建设。一方面，高校根据内部控制特点建立职业技术准入资格考试，强化相关人员的专业能力；另一方面，对已入职的高校内部审计人员进行继续教育，提高他们的履职能力。高素质的内部审计团队能够适应高校内部控制体系特点，提高内部控制评价体系的执行效率。

第三，培养审计人员的综合能力，适当增强审计人员数据分析能力、内控系统审计单元的流程优化能力及审计业务宣传能力，进而实现审计人员引领信息建设、利用信息成果、宣传业务成效的目标。

4. 完善内部控制监督机制

随着单位的发展壮大，主体结构和发展方向都会发生转变，曾经有效的内部控制策略可能不再适用，甚至存在缺陷。内部控制监督的基本要求是查找内部控制缺陷，监督的直接目的是检验内部控制的执行效果，最终服务于内部控制目标，进而提升高校业务经营效率。

一方面，高校应强化内部控制监督职能。由于高校内部部门众多，同时设有部分下属二级单位，其复杂多样的组织结构会在一定程度上妨碍高校的内部控制评价，因此有效的监督机制非常有必要。基层监督可以与财务报销结合起来，在报销过程中，增添会计岗位的控制评价职能，对每笔基层业务的经济效率进行初审，实现机关与学院的互相制衡；同时，由纪检、审计等部门对内部控制监督情况进行复核。另一方面，对于高校内部控制制度的执行情况也不能忽视，应对高校治理措施是否合法合规进行有效监督，及时判断有无内部控制缺陷、有无重要内部控制缺陷、有无重大内部控制缺陷等，并将监督结果及时上报，从而优化内部控制评价体系，促进内部控制循环发展。

5. 优化组织机构设置和流程梳理

根据内部控制的适应性原则，机构设置和人员配备必须根据单位实际情况适度配置，并根据教育事业发展需求进行不断调整，在合理设置机构的基础上，优化工作流程。

目前，部分工作岗位存在人员配备不合理、工作流程不清晰的情况，仅靠员工个人经验和能力来完成某项工作，一旦该员工离职，其他人员往往需要花大量时间和精力来熟悉业务、摸索方法。如果能够清晰地梳理工作流程，绘制工作流程图，让每一个工作人员都能清楚地了解办事程序、相关规章制度，而且能将工作中形成的好的做法和模式固定下来，将大大提高工作效率，避免因某个人的离职造成工作无法正常开展的情况出现。同时，通过流程图也能够比较容易地发现内部控制中存在的不足和风险点，从而有助于内部控制持续改进和优化。

6. 重视内部控制的实施效率和效果

近年来，高校管理规范性要求不断提高，各类管理制度不断强化和更新，面对多种形式的审计、巡视及各类专项检查，高校对内部控制建设已给予足够重视，但在发展与创新方面还存在谨小慎微、裹足不前的现象，不求有功但求无过的思想依然存在，高校更多关注合法合规，忽略了成本效益。

以科研经费管理为例，"八项规定"实施后，科研经费管理从过宽走向过紧，在项目立项、经费使用、结题验收等环节出现重复提交材料、多部门跑腿的现象，科研人员感到无所适从，严重挫伤了科研人员的创新活力。

中共中央办公厅、国务院办公厅联合印发了《关于进一步完善中央财政科研项目资金管理等政策的若干意见》，首次提出"放管服"政策。随后，财政部、科技部等陆续出台了一系列完善科研经费管理的文件。一系列文件的出台表明，科研经费不仅要管得好，而且也要放得开、接得住，资金管理要能激发科研人员的创新活力，有利于科研经费的组织实施，在强调合法合规的基础上，突出效果和效益。

7. 建立风险评估和风险控制制度

高校的日常业务活动风险呈现易变性、动态性和多样性。突发事件时有发生，内控管理的风险系数明显提高，同时也应认识到风险可能带来损失，也可能带来收益，只强调风险"负面性"的内控管理制度已不能满足高校发展的需求。高校应结合自身发展的具体情况和当前的社会发展需求，对内、外部环境进行分析预测，对可能出现的风险进行全面客观的评估，构建一套行之有效的风险控制制度。具体做法如下。

（1）强化风险管控意识

由于高校长期处于较稳定的环境，风险管理文化比较贫瘠，管理层应充分意识到风险管理对学校发展的重要性，使风险管理成为学校治理和发展战略的有机部分，科学引导高校全员树立正确的风险防控意识，将风险管控工作与自己的日常工作有效地结合起来，构建有助于强化风险管理和高校效益的良好氛围。

（2）建立风险预警机制

各部门事前通过特定程序和风险登记评估问卷等工具界定风险对象，认真分析各个流程中的关键领域和关键风险点,对可能面临的风险进行识别,并建立财务风险指标体系,将定性指标和定量指标结合起来进行风险评估,及时发现风险,分析风险源,制定相应的风险防范措施,做到未雨绸缪,充分发挥预警机制的作用,最大限度地减少风险造成的损失。

(3)动态调整风险管控

高校应定期对所有经济业务活动进行风险识别和评估,实行动态风险管理,根据实际情况,结合环境及学校管理需求,将评估结果作为修订、完善、补充内部控制的依据,不断优化内控制度。

①高校在制定发展目标时,要在对风险进行有效预测的基础上,利用好政府提供的优惠政策,抓住行业发展机会,制定决策。②在经济业务活动实施过程中,要对风险进行控制,对已预测到的事故和重大突发事件及时采取措施,尽可能降低损失。③对新增经济业务要有操作上的指导,及时梳理、补充、调整、修订相关制度,完善风险管控体系。④加强部门之间的沟通,确保制度的衔接,且要强化对制度执行的监督,做到有章可循、违章必究。⑤注重内控管理创新,建立能够确保适应出现的新问题、新情况的风险防范长效机制。

8.建立有效性内控考评制度

有效性内控考评制度是优化内部控制、实现内控目标的有效保证。高校需要建立适合自身情况的内控考评制度,确保内控建设不断完善并得到有效实施。具体做法如下。

第一,保证内部控制设计的有效性。如果内控制度在设计上存在漏洞,即使落实得较好也是无效的。高校应定期召开内控考评会议,及时发现内控上的灰色地带和空白点,并进行调整。

第二,保证内部控制运行的有效性,即指保证现有内部控制按照规定程序正确执行。定期公示各部门的内控建设情况,制定相应的考核制度和奖罚制度,将高校内控制度的建立和实施与高校部门考核、领导干部考核、中基层考核相关联,给予未达标的部门申诉和整改的机会,与部门绩效、评优、次年部门预算相关联,与个人的聘用和选拔等挂钩,从而提高高校全员参与内部控制建设工作的积极性,加大内控工作的落实力度。

五、监督管理

高校在财务管理中必须实时、有效地反映学校财务现状及出现的问题,并对信息的完整性、真实性进行反馈，且不断对学校财务状况进行有效分析，准确评价各项财务工作。此外，监督管理学校各项经济活动和财务状况，保证其合理性和有效性。目前，随着高校规模的不断壮大，在遵守国家相关法律法规的前提下，加强监督管理，加强廉政建设，保证各项资金合理有效地应用到学校的建设中去。

（一）高校监督管理存在的问题

1. 高校财务治理监督体制存在缺陷

高校财务治理监督体制的缺陷主要体现在以下两个方面：一是具备人治特征。高校是由政府举办的事业法人单位，因此很多高校将监督权授予高校法人，由法人将权力下放。而这种情况之下，容易导致契约性权力相对较弱，以人治为主要特征。鉴于财务监督需要以权力性、服从性为主，因此，当前高校财务监督体系存在一定的弊端。监督的核心涉及权力的制衡以及利益的均衡，只有维持利益均衡才能确保监督治理架构稳定，但由于当前财务治理监督体制以人治为核心，因此存在腐败现象。二是具有一定的空泛特征。当前许多高校的监督体制以公文化、形式化为主要特点，缺乏实质性的量化监督内容，许多工作流于表面，缺乏实质性的开展。

2. 高校财务信息不透明

近年来，高校财务信息是否公开透明是社会所关注的焦点问题，具体包括高校财务预决算报告、教育收费信息及"三公经费"等一些具体财务信息是否公开透明。当前，大部分高校仍然没有做到对利益相关者的信息透明化，加剧了信息的不对称，使得相关利益者无法全面、真实、可靠地获取高校财务信息，无法真正发挥其作用。同时，即便一些高校进行财务信息披露，但仍然缺乏规范性，未形成统一的披露格式，难以达到财务信息披露的质量要求。

3. 高校财务监督制度缺失

只有将制度落实到位，才能够确保财务监督制度的发挥。任何制度实施的最终目的都是实现约束与激励作用，而财务制度体系也需要遵循此原则。为确保制度与人的和谐，必须实现责、权、利三者统一。当前高校实行校长责任制，这种个人集中问责制度充分体现了人治特征，难以将责任落实到各个部门，从而容易出现高校管理效率和效益无法确保的问题。

（二）高校监督管理的优化策略

1. 明确高校产权

针对当前部分高校存在产权责任不明确的问题，我国高校必须以独立法人主体身份拥有独立产权，这种清晰的高校产权制度符合当前市场发展的需求，也是解决当前各种问题的首要切入点。因此，高校需结合当前产权制度体系，加快财务监督体系的建设工作。

2. 完善监督外在环境

高校监督体系运作实际效果与监督体制的良好运转有着密切关系，而这一切又取决于为系统运转的外部制度环境。所以，在制定相应监督体系的过程中，要建立健全监督体系外在环境，明确监督细则，让人们了解监督条例，养成依法办事、依纪办事的习惯。完善的监督体制对高校各项工作做出了明确要求，不断净化高校财务治理环境，从而为财务监督体系奠定了良好的环境基础。

3. 落实奖惩规则

切实可行的财务监督体系与内部奖惩规则有着密切联系。考虑到奖惩制度主要围绕个体进行，因此，可以从人事考核管理上实现人力、财力、物力三方面的联动。一是从各项工作上分清责任主体，制定明确的岗位责任制，结合人力资源部门对不同岗位制度出示相应考核标准，建好各个岗位的奖惩体系。二是建立健全责任追究制度，由相关部门落实奖惩责任，将责任落实到具体职位及个人，防止出现责任推脱现象。

第二节　高校财务管理的控制与目标

一、高校财务管理的控制

（一）高校财务管理的控制内容

高校财务管理控制是指在实现高校财务管理目标的过程中，对经济活动内容所实施的控制。高校财务管理内容包括资金筹集、分配、使用的管理，涉及预算、实施、决策、控制、分析、监督、管理等环节。财务控制思想贯穿在财务管理的整个过程中,管理过程中有控制的思想,控制过程中有管理的内容,财务管理与控制是不可分割的整体。

1. 资金的筹集

资金的筹集渠道主要有财政拨款、向主管部门申请各类专项资金、收取学费以及筹措其他各种收入等。这项管理内容涉及资金收入预测和实施环节,即对筹集的资金项目和筹资总额进行预测,并对预测行为付诸实施,以取得实际的筹资收入。

2. 资金的分配

资金的分配是指根据高校的发展规划进行资金使用额度的预算分配,即将筹集的资金投向哪些方面。这项管理内容涉及预测和决策环节,即支出总额的预测、资金投向的决策等。

3. 资金的使用

资金的使用是在资金分配的基础上进行的支出管理和控制。根据各项目的资金预算,对项目资金使用过程进行监控,使支出范围和支出金额符合预算的要求。这项管理内容涉及控制、分析环节,即控制超预算支出、分析预算执行情况等。

资金筹集、分配、使用都涉及监督管理的环节,必须由作为第三者的内部审计部门予以监督控制。

(二) 高校财务管理的控制系统

高校财务管理涉及高层决策指挥管理、经济事项审批、资金的各环节管理、实物资产管理、内部监督控制等各个方面,不只是财务部门的管理问题,而是一个系统的管理工程。高校财务管理和控制是由管理层决策指挥系统及授权审批管理系统、财务部门管理系统、内部审计监督控制系统三个子系统组成的一个管理和控制系统。管理层决策指挥系统由校级领导组成,是高校财务管理系统的最上一层;授权审批管理系统一般由高校中有经济管理权的中层干部组成,与管理层分享经济审批权限和分担经济责任;财务部门管理系统由财务部门管理人员组成,负责高校日常财务管理;内部审计监督控制系统由高校的内部审计部门人员组成,对高校所有经济活动进行监督控制。

高校财务管理的控制系统的运行规则如下:首先,由管理层决策指挥系统授权和分担责任给授权审批管理系统;其次,利用财务内部制度控制财务部门管理系统的运行;最后,下达内部监督指令到内部审计监督控制系统。同时,授权审批管理系统、财务部门管理系统和内部审计监督控制系统将各自的系统信息反馈给管理层决策指挥系统,并就本系统范围的财务工作对管理层负责。财务部门管理系统是高校财务管理和控制的核心系统,是财务管理信息最主要的交换和控制系统。授权审批管理系统审批后的经济事项由财务部门管理系统负责执行;内部审计监督控制系统提出的意见和整改措施也由财务部门管理系统进行落实和整改。同时,财务部门管理系统根据国家的财经政策和学校的规章制度将授权审批管理系统和内部审计监督控制系统传递来的信息进行筛选后再反馈给对方。

此外,财务部门管理系统的各种管理制度是需要由人来执行的,财务管理人员在系统中处于非常重要的地位,在财务管理控制中既是管理控制的实施者,又是系统的被控制者。因此,对财务管理人员的管理也是财务管理的重要方面。高校财务管理人员一般为会计人员,因此有必要从财务部门管理系统中将会计人员管理项目单独列出,专门对会计人员进行管理。

二、高校财务管理的目标

(一)高校财务管理的目标分析

1. 服务社会的目标

之前传统的政府会计制度不能将资产和负债进行完整的反映,所以政府会计制度进行了改革。伴随着政府会计制度的改革,高校的财务管理体制也随之发生变化。原来是由"政府直接办学"改为现在的以服务社会为目标的有法人代表的实体化学校。学校的财务管理工作在高校的日常工作生活中占据着很重要的位置,财务管理工作的进行影响着高校管理工作的情况,高校的财务管理工作不仅能为学校领导提供学校的经营状况、资金数据,还能为师生提供良好的资金保障。

2. 高校自身价值的最大化

如今,社会各阶层都慢慢地开始重视高等素质教育,也越来越重视对高校的建设,所以高校的财务管理工作显得尤为重要。高校的财务管理工作必须要把实现高校价值最大化作为目标。高校的财务管理工作能够有效地对高校资金进行合理配置,实现高校实力最大化;有效地发挥出自身实力来服务社会,合理分配教育成本。高校的财务管理要重视学校的科研项目,投入有效的资金,同时得到高质量的科研回报,优化投资的同时要多培养科学领域的专业技术人才。做好高校的财务管理工作才能更好地服务社会，增强办学实力，合理科学地对学生的教育成本进行分配，有效地进行科研投资，提高高校在市场中的竞争力。

3. 建立高校财务控制体系

高校的财务管理工作要想顺利地进行，就要建立健全完善的财务控制体系，这是高校财务管理工作顺利进行的重要前提。高校的财务形式是多变的，在资金的使用过程中，会产生诸多的财务风险，所以建立健全的财务控制体系可以很好地帮助高校财务管理工作人员规避财务风险，帮助高校从多角度对资金进行管理，有效地提高风险评估，营造良好的财务工作环境。高校要招收高素质的财务管理人员，组建高效的财务工作团队，切实强化高校财务管理目标，提高学校财务管理人员的监督职能，同时实现对资金的集中管理。所以，高校的财务管理工作的进行需要健全完善的高校财务控制体系。

4. 满足经济效益目标

虽然每个高校所处的时期不同，但是高校都有一个共同的目标——满足社会的经济效益。处在不同发展时期的高校追求的经济效益也是不同的，所有的高校都在追求满足经济效益的要求。高校需要满足的经济效益的最低标准是保持学校良好的财务收支情况，维持自身的发展和生存，提高自身的营利性，实现社会效益的目标。高校要满足经济效益的基本要求，完善学校的硬件设施，拓宽办学规模，引进优秀的师生资源，加强对学术的研究，增加对科研成果的投资，促进学校的高速发展，为社会提供优秀的人才资源，从而更好地回报社会。

（二）高校财务管理目标的转变

1. 高校经营效益的转变

为了使高校财务管理效果能够得到全面的提升，新时期高校在进行财务管理模式转型时，要确定财务管理目标转变的主要内容，逐渐优化当前的管理模式，从而为高校的未来发展提供重要的支持。高校在财务管理目标转变方面要先进行经营效益的转变，我国高等教育运行机制在制定过程中，需要将社会效益和经济效益进行相互融合，逐渐提高高校的内在发展动力。在财务管理目标转变方面，不仅要关注经济效益的提升，而且还需要根据当前的战略方向逐渐优化财务管理目标。同时还应以提高教育效率为主，不断地扩大财务管理的活动以及范围，使各项业务的财务内容得到有效的监督和管理，保证各项资金的落实，从而使财务管理效果得到全面提高，促进财务管理目标的快速完成。

2. 高校资金环境的转变

在传统财务管理工作中，政府财政拨款是高校重要的资金来源，但是随着高校的不断发展，传统的资金配置模式已经无法满足各项教育活动的实施要求。因此，在实际工作中需要根据高校资金环境的转变，不断优化当前的工作方案，在后续资金使用过程中规避财务资金风险，从而使高校资金的使用效率得到全面提升。高校在发展过程中需要做好各项资金的科学调配，尽可能地合理分配资金的支出比例，从而使高校经济效益得到全面提升。在财务管理工作中，高校需要根据资金环境的变化情况，制定实用性较强的财务管理方法，从而使财务管理质量得到全面提高，优化当前的财务管理模式。同时高校还需要统筹资金建设体系，不断探索产业化的办学模式，使各项资金落实到位，逐渐创新资金管理方案，从而使高校获得持续稳步发展。

3. 高校成本目标的转变

随着我国高校的持续发展，在财务管理工作中需要根据高校的发展现状，逐渐地转变高校成本目标，减少前期的成本投入。在不影响高校教学质量的前提下，实施更加科学的财务管理模式，从而使高校能够在新时期下获得稳定的发展。在成本目标转变方面要以成本效益为主要管理对象，深入地考虑办学质量以及办学效率，通过目标的转变，使高校教学质量管理水平能够得到全面的提高。另外，还需要将以往非成本效益目标转变为资金的高效率使用模式，培养更多优秀人才，为高校稳定发展奠定坚实的基础，从而使高校办学水平得到全面的提升，满足当前高校成本管理的要求以及标准。

（三）高校财务管理目标转变的原因

1. 教育体制的改革

当前，高校财务管理目标的转变和教育体制改革之间的矛盾较为突出。高校在以往的发展进程中，存在较为严重的局限性，其与我国教育体制的形成有着密切的关系。高校采取的教育管理模式属于直接控制的方式，但是随着时代的不断发展，传统的控制模式已经无法满足高校在新时期的发展要求，如果高校不能迎合教育体制的变革，以此创新各项管理方案，则极易出现资金浪费的问题，甚至影响整体办学质量。

因此，高校在新时期，需要根据当前的发展现状积极进行财务管理目标的改革，最大限度地降低原有教育体制对其产生的影响，维护好自身的利益。在教育体制转型时期高校也要迎合时代发展方向，更好地贴合现代教育的发展目标，通过更新设备改善教育环境，进一步完善当前的教育体系，使资金使用效果得到全面提升，进而推动高校在新时期的蓬勃发展。高校在以往的发展进程中存在规模较小和整体教学效率较低的问题，给我国教育事业的发展带来诸多不利影响。因此，高校需要从当前教育体制改革的方向出发，加强各项工作目标的转型力度，从而使其更加贴合现代教育事业的发展，使高校发展水平得到全面提升。

2. 社会经济的变化

社会经济的变化也是高校财务管理目标转型成功与否的重要影响因素。例如，随着我国市场经济的不断变化，高校的发展目标也应进行适当的转变。财务管理和市场经济之间的关系较为紧密，因此高校需要结合时代发展方向，突破财务管理工作中的局限之处，逐渐剔除其中的落后因素，使经济管理模式能够得到充分的优化。同时在实际管理中，还需要考虑高校本身的教学效益，例如，大多数高校在发展过程中不能减少对教学设备的投资，为了避免出现资金浪费的问题，需要根据财务管理要求适当地转变财务管理目标，通过增加新的教学设备，完善资金管理模式，在保证社会效益的同时提高高校的经济效益，从而使高校在新时期下能够获得平稳的发展，满足财务管理目标建立的要求。

3. 财务环境的变化

财务管理环境影响高校财务目标。新时期背景下，传统财务管理模式的局限性不断凸显。因此，高校需要创新自身的管理目标，调整目标确立的方式，避免对财务管理产生不良影响。新时期，高校需要充分利用当前的财务资源，从根本做起，实现财务资源的有效开发利用，并且设置相对应的监督以及管理模式，避免出现资源浪费问题。另外，高校还需要迎合信息技术的发展方向，加强信息化的建设，整合不同的财务信息资源，创设良好的财务发展环境，使财务管理目标能够为后续财务管理工作的顺利实施起到良好的引领作用，从而提高高校财务管理的效率。

（四）高校财务管理目标转变路径

1. 拓展资金渠道

新时期，高校为了增强自身的发展实力，要创新当前的教育模式，不断地拓宽投资渠道，从而使高校发展效率得到全面保障。在实际工作中需要建立具有层次性的工作目标，根据高校的发展现状，优化当前的教育体系，不断增强高校的发展实力。

首先，在实际工作中高校需要探索新型的办学模式，通过多个渠道来筹集办学资金，可以将社会资源和国家资源相结合。其次，高校也要根据实际教学管理的要求，扩展多元化的资金来源，优先安排财政拨款，并且配合民间自筹和新的教育资金来源，为教育活动提供多样化的支持，从而使高校财务管理工作得到全面提高，支撑高校的稳定发展。

高校在建立新型教育模式的过程中，要将以往强调社会效益最大化的发展方案转变为平衡经济效益和社会效益的发展目标，构建多元化的运行机制，从而满足当前教育活动的实施标准。高校在其发展进程中需要明确自身的教育职责，在效益导向下建立更加科学的办学模式，同时，还需要规范整体的管理活动范围，从而使办学效益得到全面的提升。在教育模式优化方面，需要以提升社会效益为核心目标，增强整体的创收能力，从而使高校能够完成当前的财务管理转型目标。

在拓宽资金渠道时，需要建立多元化的筹资模式，逐渐转变以往发展中局限于单纯依靠政府经费支出的模式，并且融入完善的风险控制意识，避免在后续财务管理工作中面临诸多风险。在实际工作中，需要根据国家政府的宏观调控，面向社会建立多元化的融资渠道；同时，高校还需要加强自身的理财能力，探索产业化的办学模式，通过扩大办学规模，完善基础设施的建设以及探索校企合作模式，使其融入高校教学管理工作中，从而使高校具有充足的资金保障，不断地提高发展水平。高校在发展进程中需要适当地提高自身的成本统筹能力和财务风险管理能力，满足高校基本的办学需求，并将此融入高校财务管理工作中，逐渐优化当前的发展方案，从而使高校在新时期下获得平稳的发展，避免出现资金链断裂的问题。

2. 创新财务制度

在高校财务目标转型方面，要创新当前的财务管理制度，尤其要完善内部控制模式，为高校财务管理工作水平的提高奠定坚实的基础。首先，在实际工作中，需要根据高校发展现状制定财务管理目标，将财务管理制度正式纳入高校日常工作安排中，从而快速实现财务管理目标。其次，在内部控制方面，高校需要及时发现以往工作中存在的问题，应进行内部控制自我评价，找到内部控制工作中存在的问题，同时还需要落实我国的相关规章制度，不断优化内部控制工作模式，通过科学的管控，为高校各项事业的发展提供重要的基础保障。

在管理制度创新和内部控制工作中,离不开高素质人才的培养,因此高校需要根据当前财务管理的要求以及标准,搭建高素质的工作团队,有效应对当前财务管理工作中所存在的问题,促进财务目标的快速实现。在人才培养工作中,需要注重人才效益观以及核算体系的建立,将新时期财务管理内容融入培训工作中,不断增强从业人员的效益意识,有效提高整体的工作效果。另外,在培训工作中需要建立更加科学的财务管理评价,实现资源的科学整合,降低财务管理方面的成本。同时,还需要将收支以及收入进行相互协调,逐渐优化当前的财务管理模式,使高校财务管理效率得到全面提升,从而推动高校在新时期的稳定发展。

在创新管理机制中,要建立完善的财务风险管理模式。高校应当遵循收支平衡和兼顾盈亏的原则,避免出现资金浪费问题,逐渐优化当前的工作方案,从而使高校整体管理效率得到全面的提升。在实际工作中,需要科学地划分财务的权利、责任、义务,在部门内部贯彻落实责任制度,结合以往的工作经验分析财务管理工作中常见的风险因素,根据高校发展现状优化阈值对应的财务管理模式,以财务目标为主积极探索新型发展方案,从而使财务管理水平得到全面的提高。在实际工作中,要解决以往高校财务管理工作中责任模糊不清的问题,避免出现债务的恶性循环,加剧高校的财务风险。高校需要明确自身的工作职责,有序地实施当前的管理方案,以增强高校发展实力,全面落实精细化的工作原则,提高风险管控能力,使高校财务管理工作能够健康稳定发展,从而提高其整体的管理效果。

3. 规避经济风险

第一,加强对财务分析的重视程度。财务管理的综合性和专业性特征较为明显,配合完善财务分析能够及时发现财务管理工作中存在的问题,再按照相关要求以及标准逐渐优化当前的财务管理模式,从而使财务管理效果得到全面提升。高校在进行财务分析时,要与市场发展方向进行对接,了解市场和经济环境的变化,根据财务管理工作的要求制定新型的管理条例,突出财务管理工作的实效性,从而促进高校财务管理在新时期下的稳定发展。同时,需要通过财务分析了解高校财务管理工作中的风险和机遇,将不同因素相互整合,构建一体化的工作模式,为高校在新时期的稳定发展奠定坚实的基础。高校也要根据当前的发展阶段,不断优化财务管理监督模式,保证财务分析工作效能的充分发挥,为高校财务管理工作的有序进行提供重要保障。

第二，在后续工作中需要提高对审计监督管理的重视程度，保证收支的合法合规性。在实际管理的过程中，对于校园内部的财务项目要定期进行抽查，根据高校财务管理的要求，积极改革当前的工作方案，从而使高校财务管理工作的实效性得到全面提高。由此可以及时发现财务管理工作中的问题，从而制定应对策略。

第三，在高校收支方面要自觉接受监督，完善审计制度建设模式，使财务管理效果达到预期目标。在后续工作中要加强信息化建设，利用现代化的财务管理技术解决财务管理工作中的难题，使财务管理工作更具准确性、时效性，通过数字化和网络化的技术加快信息传输的速度，推动财务管理实效性的全面增强。在改善财务环境、规避经济风险的过程中，相关学校还应开展系统的培训工作，向相关人员讲解财务管理工作中需要特别注意的问题，并将其融入财务管理风险理论中，不断增强工作人员的风险意识。在有效应对当前财务管理工作存在问题的同时，在内部管理工作中要配合适宜的奖惩制度，督促相关人员及时准确地发现财务管理工作中的风险。此外，在遇到财务风险时，要通过部门之间的沟通以及配合提出应对风险的方案，降低风险对财务管理的影响，最大限度地减少损失。高校应根据新型的财务管理目标整合与之对应的风险防控方案，为风险管理模式的优化提供重要的基础，从而促进财务管理模式的转型和升级。

第三节 高校财务管理的现状

一、高校财务管理存在的问题

（一）业财联动不足

财务部门与其他部门的有效联动是提高财务管理工作质量的关键，但国内高校各个部门的工作联动不足。各部门人员联系沟通不紧密，业务流程衔接不足，各业务系统独立运作，财务工作人员未能从其他部门获取必要的财务工作信息，这也会影响高校财务工作质量的提高。

（二）财务风险意识不强

由于市场经济环境的多变性和不稳定性，高校财务风险主要有两方面内容：

一是由于筹资不足导致的现金支付财务困难，二是由于办学效益下降导致的收支性财务困难。一些高校对各类风险评估认识不足，盲目贷款使资产负债率过高，导致结构性财务风险过高，但又缺乏相应的资产保障能力。高校收入来源主要是财政拨款、学费及住宿费，资金开源严重不足，很少能吸引到社会资金，接受捐赠资金数额也十分有限；而预支款金额较大，催缴不及时，导致学校垫付的资金较多。此外，资产周转率不高，报废处置周期长，资金利用效率低下，出现了资产浪费现象。

1. 筹资方面

高校一直依赖政府拨款，存在资金结构不合理的现象。资产负债率较高，资产流动性较低，偿付能力严重不足。有些负债具有较强的隐蔽性，管理人员一时也难辨别，导致潜在风险较大。

2. 投资方面

由于没有专业的投资管理团队，投资存在两种极端情况：一种是将闲置的资金存于银行，只能获取很少的活期利息；另一种是决策失误及盲目投资一些高风险的股票、债券等，导致投资损失巨大，甚至发生难以挽回的、不可估量的损失。

3. 高等教育竞争方面

随着高等教育市场竞争的加剧，外部市场环境变化会给高校财务带来风险。

4. 资金营运方面

固定资产重复购置、购入设备闲置不用、技术更新导致设备淘汰、大量闲置房屋的建设等导致资本性支出增加，造成资金浪费现象；资产流动性差，人员经费支出比率过高，从而造成资金流动性不足。

（三）会计核算环节不严谨

1. 对报销政策的把握不准

财务报销是高校会计核算环节的起点，是业务办理人员凭原始凭证拿到财务部门报销的过程。原始凭证是会计记账的基础，原始凭证的规范也是会计质量的保证。原始凭证的审核能够考验财务人员对报销政策的把握，会计人员不仅要掌握相关的法律法规，遵守会计法和会计制度，而且还要熟悉学校内部规定。由于高校财务政策性比较强，会计人员对新政策、新要求或者新变化的适应性较弱。

在实际报销过程中，会计人员往往暴露出对报销政策的把握不准、综合知识有限的缺点，从而影响了高校财务管理水平和会计工作质量。

2. 对会计政策的理解不够

高校将预算会计与财务会计分离，同时又适度衔接，实现了财务会计和预算会计的双功能，但是财会人员由于习惯了预算会计思路，对财务会计学习不够深入，导致对会计政策理解不够，核算方法也各不相同。高校在发展中经常会因为教学条件改善、教育质量提升以及科研实验室改造等工作而对固定资产予以改建、修缮以及扩建，对这部分支出是否进行资本化，还是以全部或部分费用化的形式来处理，都会影响维修完工后的固定资产增减核算的合理性。针对存货在购入核算时预算会计的费用化时间，不同单位的会计处理方法不同，有的单位购入时直接进行费用化处理，有的单位是领用时才进行费用化处理。对日常办公耗材的理解不同，入账的经济科目也不同，有的理解成办公设备维修记入维修费科目，有的理解成日常办公用品，记入了办公费。

3. 会计信息化水平低

在高校财务管理中，报销工作是一个重要环节。传统模式的报销工作采取人工方式处理，这种报账模式重复性工作较多，报销人员需要投入较大的精力和较多的时间，财务审核工作繁重。一些学校尝试网上自助报销，但这种报销模式还不够成熟，很多教师和员工并不熟悉网上自助报销的操作流程，往往花费的时间会更长，重复性工作更多。从现有的高校会计信息化软件来看，软件系统功能单一，主要还是核算软件、工资软件等模块，功能停留在账务处理、编制记账凭证、各类账簿记录查询、工资数据导入等简单的工作上，不能完成相对复杂的数据处理和高校财务管理预算、分析、决策等方面的管理性任务。

（四）财务分析不规范

高校往往会忽略财务分析在财务管理中的作用。财务报表一般只有年报，月报、季报很少编报，且混淆了财务分析与会计报表分析的本质区别。高校财务管理更是只停留在财务数据的核算方面，没有深入地进行财务分析、效益考核、奖惩兑现。财务分析往往只是对会计报表所提供的数据进行分析，重视对已发生的和确定性因素的分析，忽视对收支变化的主要影响因素、风险性的不确定性因素的分析。

（五）财务管理机制不完善

预算是高校财务管理工作的重点，须符合高校的发展战略。但是在实际的预算执行过程中，往往是往年经费预算的复制，在结算基础上的科学性优化不够，动态调整力度小，阻碍了高校的快速发展。因此，作为领导层，需要清醒认识财务管理的重要性，完善从预算、结算到调整的全过程财务管理机制，结合财务管理实际工作，征询财务人员的相关经验，优化高校财务管理制度，提高财务经费的执行率。

（六）财务信息缺乏透明度

财务信息的公开、透明，有利于形成互相理解、互相支持的和谐财务关系，创造良好的财务职业环境，共同促进财务管理水平的提高。但目前高校财务信息存在公开内容不及时、不全面、不真实的现象，尤其涉及个人利益方面的信息更是缺乏，存在信息失真现象，难以满足人们信息需求；信息公开披露平台缺乏，方式单一，没有普及各个利益群体。许多高校没有专门从事财务信息管理的人员，现有财务人员不懂财务信息披露知识，这些都制约着信息公开透明工作的质量。

（七）会计信息失真问题明显

高校财务管理过程存在会计信息失真问题，即上报的会计信息与实际的信息之间差距较大，不利于资金的使用管理，严重者将会导致国有资产流失和贪腐问题的出现。具体表现在以下两点。

1. 收、支、余信息不实

部分高校在财务管理过程中，存在未按照相关规定及时、足额地将相应收入、支出、余额上报国家相关部门的行为，致使其在有关方面的资金使用不规范、随意性较大，不利于管理工作的开展。例如，一些高校对学费、住宿费等非税收入实施坐支坐收模式，在"代管款项"上长期挂账，少报实际收入。

2. 资产信息不实

高校资产主要包括流动资产、固定资产、无形资产等多种模式，而其在进行资产信息上报时，存在上报信息与实际信息之间不对称的问题。例如，在负债信息方面，部分高校对其他应收款、其他应付款等相关项目未及时核算收支和清理，存在长期挂账的情况，导致负债不实。

（八）财务管理业务实效性差

高校有其独特的管理体制，财务权责划分比较模糊，人员岗位易变动，财务人员职权有限，具体的财务管理工作落实难度大，影响了财务管理效率。另外，财务工作业绩与其工作岗位变动不挂钩，福利待遇变化区间小，财务人员监督难度大，甚至出现工作拖拉的现象，财务人员专业背景与敬业精神有所弱化，财务服务效率低。

（九）财务管理人员素质待提升

高校财务管理制度的作用不容忽视，而制度需要具体的管理人员落实。目前，有的高校财务管理制度十分完善，但是在具体应用中成效不明显。财务部门作为高校的经济管理职能部门，其主要职责是为全体师生提供服务，推动高校实现可持续性发展，因此，财务管理人员必须具备专业的管理知识和过硬的管理技能。但部分高校财务人员缺乏相关的法律、管理、财务知识，对财务管理的重要性认识不足，更有甚者会触及法律红线，利用职务之便私挪公款等，不仅严重破坏了高校的财务管理制度，而且破坏了高校的形象。

（十）财务报账模式的局限性

1. 线下报销耗时久、效率低

虽然高校现在已经适时地放宽了对二级学院和科研项目的审批权限，但是在严格的财政内控管理要求下，有大量的报销业务仍然需要层层审批，导致报销耗时久、效率低。

2. 财务报销咨询工作量巨大

在国家大力支持教育事业发展的大背景下，高校扩招，其学生和教职工人数成倍增长。相对地，财务处报销接单工作人员却只有几个，报销接单比例不断升高。

3. 财务数据对高校决策支持不足

高校财务在学校的地位不高，原因来自很多方面：一是财务人员与教师因报销产生的矛盾较多；二是财务人员的精力都耗费在琐碎的日常业务中，缺少后期数据分析，无法给高校管理者提供足够的决算支持数据；三是高校财务工作的主要任务被定义为完成财政预算执行，汇报给校领导的工作内容也只是执行的进度，没有提供决策支持数据；四是高校财务成本核算体系尚未完成建立，2019年财政部为了更好地核算机关事业单位的成本，执行了新的政府会计制度，实行了"双分录"会计制度，预算会计和财务会计并行，但是目前部分高校还是没有建立起成本核算体系，无法提供翔实的成本数据。

二、高校财务管理的发展趋势

（一）财务管理目标改变

近年来，我国高校的办学规模逐渐趋于稳定，各高校为了提高自身的办学质量，不断加强内涵建设。在国家财政投入有限的情况下，资金需求矛盾愈发明显，这就需要开源节流。高校为了使有限的资金发挥更大的效益，以资金筹措、分配以及提高资金使用效益等宏观经济管理为目标，为学校的可持续发展提供充足的资金保证，使高等教育的社会效益和经济效益得到更好的发挥。

（二）财务管理范围不断扩大

高校财务管理的范围已从原来的保证各类收支平衡转为依法多渠道筹集资金、规范预算管理、优化资源配置、加强资产管理，同时有效监督各类经济活动、严防国有资产流失、提高财务信息透明、防范各类财务风险。

（三）财务管理具有多重性

21世纪以来，高校的办学环境发生了重大变化，收入来源除了以前单一的政府财政拨款外，还有相关产业经营、房屋出租、设备出借、生产生活服务、社会培训、科技服务等经济活动，收入更加多元化。

（四）财务管理对高校内涵建设的促进作用更加突出

高等教育进入大众化阶段，高等教育事业发展处于"从规模扩张到内涵建设"转型的关键时期，招生规模基本趋于稳定，但高校内涵建设仍有较大提升空间。因此，高校内涵建设需要财务管理提质增效。

第二章 高校财务管理改革

改革当前,国内高等教育快速发展,政府部门对教育的重视度也在逐年提升。为全面提高人才培养质量,高校要深化教育教学改革。与此同时,高校改革也给高校的财务工作带来了变革性影响。

第一节 高校财务管理改革的内容

一、高校科研经费管理改革

(一)高校科研经费管理改革的新趋势

1.高速增长的科研经费对高校的科研经费管理提出了更高要求

近年来,我国高校的科研经费投入力度持续加大。根据国家统计局、科学技术部最新统计信息,2019年我国高校的研究与试验发展(R&D)经费支出为1796.6亿元人民币,比2018年增长23.2%。高校R&D经费占全年国家R&D总经费的比率由2018年的7.4%提高到2019年的8.1%。2019年,93所高校的科研经费超过10亿元人民币,相比较2009年,经费超过10亿元人民币的高校只有10多所。2010年,清华大学的到校科研经费约36亿元人民币,2019年则达到153.75亿元人民币。此外,校友捐赠、企业赞助、国际合作科研项目等使得高校科研经费的投入渠道也日益多元化。高校科研经费规模的增长和投入渠道的多元化,对高校的科研经费管理提出了更高的要求。

2.高校科研经费管理正由过程管理向全生命周期管理转变

科研经费管理主要指科研经费的投入管理、过程管理、产出管理的全生命周期管理。科研经费的投入管理包含投入方式、投入渠道、投入规模、投入领域（基础研究、应用研究、实验发展研究）等方面的管理。科研经费的过程管理，从财务管理角度看，主要是指科研经费的项目预算、支出核算与决算；从科研经费具体使用组织和个人角度看，主要是指科研项目经费的申请、支出、结余等方面的管理。科研经费的产出管理主要是指论文、专利的数量和质量，科研成果的经济效益和社会效益、绩效评价等方面的管理。狭义的科研经费管理主要指过程管理。为了提高高校科研经费使用效率、落实创新驱动发展战略，目前高校科研经费管理正由只关注"经费预算+支出核算+结余经费"的狭义经费管理模式，向囊括项目审批、经费投入、使用过程、结果评估等多方面的全生命周期管理转变。

3. 高校科研经费管理正在向"放管服"和诚信管理等方面转型升级

在深化科技体制改革背景下，2018年7月，国务院出台了《关于优化科研管理提升科研绩效若干措施的通知》。该文件从科研管理的哲学基础、管理的外部环境、管理的内部职能、管理的微观目标、管理的信息方法等方面，都较之前的管理理念和方法有了根本性的变化。高校科研经费管理正在向"放管服"和诚信管理等方面转型升级。

（二）高校科研经费管理存在的问题

1. 管理体系缺乏整合

在所有权与使用权分离的情况下，委托人与代理人之间信息不对称，代理人会做出更加利己的决定而损害委托人的利益，由此产生代理成本。具体到科研经费管理方面，会导致科研前端项目与财务管理体系发生脱节。

例如，在科研经费预算环节，相关科研项目负责人员与财务人员可能会产生信息不对称的情况，即在编制预算时倾向于夸大经费数额或虚报预算，从而导致编制的科研经费数目与实际科研项目所需的数目不对称，两者之间存在脱节关系。相反，财务部门掌握更多更为专业的财务管理知识与技能，却由于不熟悉科研审批与立项等前端工作而导致财务部门的脱节。同时各部门之间相互独立，缺乏必要的沟通，导致每个部门只管自己内部的事情，对部门间的沟通则没有重视，导致相关科研经费的审批、预算调整、报销、开发票等环节出现许多问题，这也导致科研经费管理体系的建设更加困难。此外，各部门之间的信息不对称及脱节进一步导致了财务监管工作的困难,造成在监管过程中各部门相互推脱责任等现象的出现,进而监管部门也敷衍了事,导致监督流于形式,信息不对称与不透明进一步影响高校的科研成果。

从整个管理流程来看,可以更为清晰地看出高校整个科研经费管理体系的脱节现象。从最初的立项环节与预算环节,到中间的预算调整、报销、开发票等环节,再到最后的结题与结算环节,以及中间穿插的审计监督环节,都出现一定的脱节现象。具体而言,高校最初的立项环节与预算环节主要是具体科研项目负责人管理,而中间预算调整、报销、开发票等环节是财务部门进行负责,两个环节之间由于负责的主体与具体科研经费活动不同,导致两个环节之间缺乏过渡桥梁;中间的预算调整、报销、开发票等环节是财务部门进行负责,最后的结题结算环节则是具体科研项目负责人与科技部门进行管理,也因为两个环节之间由于负责的主体与具体科研经费活动不同,导致在环节接口处硬性衔接。此外,贯穿其中的监管体系也很难发挥主导作用。因此,整个流程反映了现阶段高校科研经费管理体系的脱节现象。

2. 缺乏激励性的考评体系

考评体系的不完善也是目前高校存在的主要问题之一,而目前高校考评体系的最大缺陷则是缺乏激励性。以激励理论中的马斯洛期望理论为例,人在基本需求得到满足的前提下会进一步追求社会需求,即从生理、安全等基本需求过渡至声誉、满足感、道德、成就感等多种社会需求,而科研人员大多都在追求进一步的社会属性,通过科研成果提升自己的社会地位,获得满足感与尊重感。若科研人员的满足感与尊重感得到极大提升,将会大大促进科研人员的工作绩效与工作效率,被调动积极性的科研人员将会有更多的科研产出,有助于提升科研人员的社会地位与高校的综合实力。

但目前高校没有重视科研人员"社会人"的属性,考评体系仅从结果入手,更多以任务或绩效为导向,导致高校科研经费管理考评体系方面忽视了精神文化层面考评体系的建设,没有从制度或者文化上形成一个良好且能调动科研人员工作积极性的科研考评体系。以任务或绩效为导向的考评体系虽然能够在短时期内提升科研财务工作效率,但相关科研人员与财务人员无法从工作中获取满足感与成就感,长此以往,会使少数科研人员在预算编制和执行方面为快速提升社会属性而采用不良手段进行竞争。因此,缺乏相应调动科研人员工作积极性的制度建设,会导致科研人员的工作积极性降低。

3. 部门内部缺乏有效沟通

信息沟通是内部控制的重要组成部分，但是现阶段高校在信息沟通方面出现问题，即除了管理体系的脱节，每一个管理环节的内部也出现相关的管理问题，具体分为预算阶段管理缺失、使用环节缺乏规范、决算环节较为薄弱三大部分。

在科研经费的申报与预算阶段，存在财务管理流程的缺失。目前采取的办法是科研项目负责人负责项目申报，由于自己对财务政策的认知不足，导致制定预算存在一定程度上的随意性。而负责科研经费的财务部门没有参与到预算编制的过程中，财务部门只能通过科研项目申请书获取相关财务信息，并不能对预算环节的内容加以干预。通过分析，该问题的实质是预算阶段管理缺失，因为缺乏相应的管理制度，导致科研负责人与财务部门均没有在经费预算方面产生良好互动，预算并没有真正起到实质的约束作用。

使用环节缺乏规范是另一个重要的问题。一方面，使用阶段中包括预算调整、报销、开发票等具体财务环节，科研工作者由于不熟悉相关业务，导致在上述环节中花费大量时间与精力进行"折返跑"，以完成财务流程。另一方面，经费的使用出现超支或与项目预算不符导致财务与科研人员在对账审计方面出现临时应付等现象。因此，规范科研经费支出管理、细化项目支出标准成为管理环节需要重视的问题。若缺乏该环节的规范，会导致科研腐败现象的产生以及科研人员科研效率下降等问题的出现。

决算环节较为薄弱的问题也不能忽视。由于部分高校在科研项目中存在"重申报而忽视结题"的现象，故也存在经费决算方面的问题。

4. 科研经费的使用有待规范

（1）存在突击花钱现象

科研项目结余资金规模作为项目结题验收的重要指标，在项目结题的财务验收甚至整体验收中占据重要位置。因为除了结余资金规模，验收过程中还有科研人员无法掌握的许多事项，为了保障项目顺利验收，往往在项目验收前期突击花钱来提高执行率。虽然主管部门三令五申严禁突击花钱，但在实际情况中这种现象依然存在。科研人员为了达到提高执行率、验收通过的最终目的，不惜采用伪造经济合同等方式来掩盖突击花钱的实质，从而造成大量资金浪费。

（2）利用虚假发票和虚发劳务费的形式违规套取科研经费

尽管各级管理部门采取多项措施来杜绝此类事件的发生，但高校科研人员违规套取科研经费的现象仍屡禁不止。他们有的是因为法律意识淡薄，误以为自己申请到的科研经费可以自行支配，不用受到国家财经法律法规的制约；有的是贪图一时便利，企图将科研经费转到自己名下更便于使用。但无论出于何种目的，违规套取科研经费都应当禁止。

（3）存在关联交易现象

关联交易往往涉及金额较大，对科研经费的安全性构成较大威胁。尽管高校对规范关联交易采取了一系列举措，但由于其隐秘性强，在日常审核中难以被发现，违规关联交易行为仍时有发生。

一方面，一些相关的科研人员对国家的科研管理政策和制度缺乏全面的认知和了解。高校财务部门需要对高校的各项收入和科研经费的支出做统一的监督和管理，但是一些科研人员并不认为这些经费应该归学校所有，他们认为这是凭自己的努力争取来的，应该属于个人财产，于是采用各种方式以发票形式进行报销，从而将大部分的科研经费据为己有。但是，在科研人员去财务部门报销科研经费的时候，财务相关人员无法辨别发票真伪，只能依靠科研人员的自律行为。另一方面，高校对新的科研经费管理办法宣传不到位和不及时也在很大程度上造成了科研人员对新的财务制度不了解和不熟悉。

5.科研经费内部管理环境有待优化

（1）组织机构建设有待完善

高校内部一般包括科研管理部门负责项目的申报、任务书或合同的签订及成果验收、维护等工作。财务部门负责项目经费的进账立项、日常报销和决算数据审核等工作，审计部门负责项目经费的监督检查，各部门在日常工作中各司其职，但仍存在工作边界不清晰、缺乏协作机制等问题。内部机构岗位设置不科学、权责分配不合理，也可能导致机构岗位重叠、职能交叉或缺失、推诿扯皮等现象，进而造成机构运行效率低下。

（2）信息系统建设有待加强

当前高校各业务部门基本实现了信息化管理，但信息孤岛现象仍存在。在科研经费管理中，科研系统、财务系统、审计系统、资产管理系统、合同管理系统等独立运行，科研项目的申报管理、合同管理、成果转化系统等也缺乏互联互通，这样既降低了管理的效率，也增加了信息不对称带来的风险。

（3）制度建设及配套工作有待完善

高校科研经费由各级财政拨付的纵向经费和承接企事业单位的横向经费构

成。科研经费管理的总体指导意见一般由国务院下发，各级项目主管单位制定管理办法和实施细则，项目承接单位制定配套措施和解释说明。受各类项目特征的影响，各级项目主管单位的管理办法和实施细则往往存在差异，比如科技部项目、国家自然科学基金项目和工信部项目在项目管理、经费预算编制等方面存在差异；国家自然科学基金项目和国家社会科学基金项目在管理办法、经费预算编制方面也存在差异。高校科研项目管理部门在落实上级制度和制定配套制度措施的时候，容易忽视对各项制度差异的总结分析工作，难以将其融会贯通以形成一套通俗易懂且可行的基层应用指南。

6.科研经费监督检查机制有待完善

第一，监督检查方式单一。科研经费外部监督检查主要由项目主管部门或科技主管部门定期委托第三方事务所开展，内部监督检查由校内审计部门在项目提出需求的时候进行，且多采用事后抽查的方式。校内财务部门往往只对科研经费报销使用票据的合法合规性及审批手续进行审核，无法对经费使用的合理性、真实性和相关性进行审核。

第二，主管部门监督与单位审计、财务监督之间缺乏沟通协调，检查资料及结果缺少共享和互认。重复检查既浪费时间和人力，也给科研人员造成负担。

第三，监督检查结果未得到有效运用。项目承接单位和科研人员在经费管理和使用过程中出现违规失信情况，往往以退款、调整的形式来整改，未将失信行为纳入信用记录管理。

（三）高校科研经费管理改革的策略

1.划分相关部门的权限

科研经费管理存在的问题中最主要的还是没有完善科研项目管理的办法，对科研项目全过程而言，明确各管理部门的权利和责任，清晰地划分管理界限才是科学化管理的第一步。根据《关于进一步完善中央财政科研项目资金管理等政策若干意见》《中央高校基本科研业务费管理办法》和2018年国家关于推进科研方面"放管服"的改革要求，结合目前部分地方普通高校所面临的实际情况，高校内科技处联合财务处尽快完善适应目前科研活动的科研项目经费管理办法。该办法需要详尽明确各管理部门的主体责任和权限，适应国家要求将科研经费的管理权限放至高校，并在科研人员之间加大宣传的力度，提高科研经费管理制度的执行力度，以适应当前国家快速发展的科技创新要求。

第二章 高校财务管理改革

响应国家"放管服"的要求，结合目前快速增加的科研经费现状，分析目前地方普通高校所处的政治、经济、社会和技术的背景，对科研项目管理流程做层次划分，提出将科研经费的自主管理权交给科研项目负责人，对高校提出协助监管和服务配合科研项目的要求，提议项目预算和项目评估都以委托代理的形式外聘专业人员去做，对于科研项目和科研经费的管理制度将侧重点由原有模式向简政放权的方向偏移，将内控管理融入管理的全过程之中。科研项目管理中科技、财务、人事、资产管理、审计、监察监督等部门是科研项目及经费的具体监督管理部门，而且管理部门之间需要相互牵制，合理应用内控机制，主要在于健全经费管理制度、加强内部控制和监督制约机制，采取防御性的分项目、分科目管理方式来确保有效行使科研经费的使用权、管理权和监督权。

按照国家放管服的要求将科研项目管理权力下放，由高校自主管理科研经费需要做到对管理的权限进行松绑式改革的简政放权。高校为科研项目的顺利实施提供条件；科研项目负责人作为科研项目执行及经费使用的直接责任人，拥有最大的科研自主管理权限，同时也应该担负起经费使用合规和真实的义务；科技处负责指导或组织科研项目的选题、申报、中期检查、总结、验收、鉴定及成果的转化工作，对经费预算及项目执行情况和项目经费使用的合理性进行监管，配合财务、资产管理、审计、监察等部门做好科研项目经费管理、审计和监督工作；财务处负责科研经费的会计核算工作，管理科研经费的票据合法性和真实性，对科研项目经费使用进行会计审核和报销，协助科技处制定并完善科研经费管理制度；国资处负责科研仪器设备的招标、采购和管理，以及科研活动造成的资产管理工作；审计处、监察处负责科研项目经费使用的审计、监督和检查工作；人事处负责考核相关人员的科研工作量；学校办公室协助科技处，负责对重大科研的合同进行法律和经济审查；科技处、财务处、二级学院、国资处、审计处、纪委、监察处等部门和项目负责人明确各自部门的职责和权限，在科研经费使用、管理与监督方面各司其职、密切配合，在权限范围内相互协作，加强对科研项目经费的内控管理，实现科研项目的全过程内控，逐步形成良好的协同管理监督机制，共同做好科研项目管理工作。

依据协同理论和内控管理的防御理论对科研经费管理体系中经济利益相关者进行重点梳理，着重对科技处与财务处交叉连接点业务进行归纳总结，达成科研经费管理的信息共享化内控，构建高效运作的科研经费协同管理模式，以扁平化交叉管理为基础，下放科研经费的管理权限，主要责任直接问责项目负责人，并且以此为基础梳理加强内控管理，对各相关部门的监督管理权利和责任做出明确规范。在放管服政策的指导下，为促进地方高校科研工作的规范发展，又根据放管服的具体要求去简化科研项目管理流程，这些改进的建议和措施对科研经费的科学化信息化管理也提供了优质的平台理念。

2.用信息化平台打破孤岛壁垒

在全球范围信息化浪潮的驱动下，地方高校应整合科研信息资源、负责总体的统筹规划、建立科研项目统一管理平台。鉴于部分地方高校在科研经费管理原模式所出现的管理空白区和重叠区，可以考虑将科研系统与财务系统通过信息技术手段实现信息共享机制，科研项目统一管理平台集科研管理、财务、资产、审计、二级单位和项目组为一体，形成各管理权限下共享信息的科研项目管理平台，实现科研项目从申报、立项、建账、执行、验收到得到成果的全过程管理与服务，提高管理质量，建立服务意识，在此基础之上逐步建立科研项目的信息分级分类公开制度，达到融合互联不隔离，打通信息孤岛，优化整合信息。

在科研项目统一管理平台内设置单独五个模块，分别是项目流程管理模块、经费管理模块、内控管理模块、评估管理模块以及科研人员信任度评价体系库，可以在一定权限端口实现部分数据共享。项目流程管理模块由科技处和科研项目负责人管理，他们在该平台上传科研项目任务，申报科研项目流程，上传审批项目的经费预算。科研项目的经费拨付到学校后，经费管理模块由财务处进行对接，并按照预算申请中的类别设置单独科目，科研项目团队在管理平台上传科研活动等资料，使用科研经费，实现异地上传凭证，负责人电子签名直接进行报销，财务处通过科研预算控制科研细分科目的使用额度来控制经费。若需要预算调整可以直接在管理平台上去申请，批复文件也通过平台上传，直接省去各部门之间传达的时间，可以做到在合理合规的情况下以最快的速度修改预算。平台与财务会计数据实现实时共享对接来对经费进行管理，这部分就是经费管理模块，直接链接该平台相应科目，每个管理方都有各自的端口与权限，为异地上传票据电子签名实现异地报销做好准备，财务处可以更好地做好服务工作。内控管理模块就由科技处行使主权限，平台内监督管理部门信息公开，平台给予相关部门查看权限，在科研项目的进行过程中就可以随时随地全方位内控管理监督。评估管理模块既可以对接校外第三方评估机构，也可以在校内抽调随机评估小组开放临时权限，用来对项目的绩效成果等情况进行公开合理的评估，评估结果在平台上进行公开，一定程度上可以缓解论资排辈带来的不公平。科研人员信任度评价体系库也是一个辅助模块，平行于其他四个模块，该模块将科研人员全部纳入体系库内进行评分管理,类似个人征信体系,对后续的科研项目申报和使用具有参考价值,也可以为后续申请项目和科研评估提供权重。

项目流程管理模块将项目按照类型分开管理,在经费方面差别化对接财务程序管理,数据更加清晰、便于统计,节省人力和物力。科研项目组自科研项目立项起就可以将项目预算等数据上传至科研项目统一管理平台,该平台的经费模块由财务处、科技处及科研项目负责人共同进行内控管理,经费和过程的管理主权限可以由高校科技处掌管,也可以按照国家要求交还给科研项目负责人协同管理,项目预算中的后续问题也能得到相应解决,财务处也能根据科研项目的流程做好服务工作。在平台上科研项目组成员依据科研项目预算经费线上申请使用,以达到管理部门信息共享、协同管理的目的,各项数据有迹可循、有据可查。如果所有的科研项目可以经由科研项目统一管理平台进行管理,信息变化可以及时共享,经费使用上传平台后采用电子签名的方式,可以直接避免科研经费报销过程中的签字困难问题。资产管理也可以参与到科研项目管理全流程中,在全流程管理模块中开放资产管理端口,设置好采购权限与设备管理,可以直接解决国资处对于科研设备管理缺失的问题。为实现良好的内控管理,方便各监督管理部门调用数据,全面实现公开化管理。

3.优化科研经费的预算管理

(1)财务助理进行预算编制

高校原有的科研经费管理制度要求科研项目负责人熟悉和掌握国家关于科研项目管理的法律法规和科研经费管理制度,依据法规,由项目组自主编制科研项目申报书、经费预算、评审、审计和决算报表等材料。但是,在实际操作中要求这些财务数据全部准确无误是很难实现的,由于科研项目负责人未必是财务专业出身的专业人员,虽然他们对所研究专业领域的知识是能够熟练掌握的,但在财务数据方面却是门外汉。如果针对科研经费预算专门开展培训,则工作量非常巨大,耗时耗力也未必能取得预期效果。

高校的项目组在项目管理活动中合理利用委托代理理论将这部分的劳务外包,从项目中单独列支一笔经费作为外聘财务人员的酬劳,将专业的事情交给专业的人去处理。在项目立项初期可以聘请专业的财务助理根据科研项目所属类别和其性质进行差别化项目预算编制。财务助理可以在科研工作的前期向科研项目组深入了解科研项目的性质,提前预判活动轨迹,估算科研活动成本,分析直接成本和间接成本,编制合理有效的预算。在科研项目进行阶段财务助理进行经费使用指导，协助科研人员办理审核票据、上传凭证和审批报账等工作，在科研项目管理中引入委托代理财务助理的概念，可以有效避免因预算设置不合理而导致科研经费使用不当问题的出现，为经费报销打好基础。该财务成本可记录在科研项目的管理费用中，也可以在科研委托代理费中支出。在科研项目管理中可从校内或校外聘请专业的财务人员来做此项工作，应该要注意的是，为防止监守自盗，应该避免聘用校内分管科研项目的会计做好内控管理，防止滋生乱象。依据委托代理理论应用财务外包的方式也符合国家对于放管服中"服"的要求，可以让科研人员从琐碎的报销事务中抽身出来，全身心地投入科研工作中去，提高科研效率，转化乃至削弱科研项目组与地方高校财务管理的矛盾，营造更加和谐的科研环境。

（2）经费科目设置弹性预算

高校的科研经费都是采用预算管理制度，即在科研项目还未进行时就对科研项目中每一笔花费做出成本预估。预算管理虽然能够有效地杜绝浪费，但是严格的预算管理有着刚性过大不够灵活的缺点，很多时候这种刚性的科目控制不适合某些科研活动的实际情况。科研项目经费的使用规则大多数是依照政府会计制度编制的，在实际的科研项目中，不同的科研项目所需要的经费预算的偏重点也是不同的，因此采用同一种模式来进行预算是不科学的。对部分科研项目来说，在实际活动中往往花费超出预算可控范围的现象经常发生。

在各地的高校中，由于影响科研项目的因素有很多，可以考虑设置弹性预算方案控制科研项目经费，为科研项目做好服务，这样做也可以确保科研项目经费落到实处，把经费着重用在关键的支出上，好钢用在刀刃上，这也符合国家放管服的要求。虽说要增加科研经费的预算弹性，但弹性预算编制并不是无限地扩大，关键是在特定范围内对预算科目中的一些具体项目，在合理范围内做出允许自主调整的规定，这样就可以解决许多经费预算调整审批的复杂烦琐问题，也是对科研人员在调查时提出的部分意见的采纳。

4. 配套建立科研信誉机制

科研项目立项后需要编制项目预算才能使科研经费的使用更加合理化。科学合理的预算要求相关人员对项目运行全过程进行详细了解，在预算编制过程中要根据以往经验进行必要的估算，这都是进行合理编制的先要条件。

反腐倡廉教育是高校诚信廉政建设不可松懈的环节。高校可以定期邀请纪检部门的工作人员给项目责任人讲述相关违法违规案例，加强对高校科研人员的廉政教育，帮助管理者分析可能存在的薄弱环节，加强对相关环节的监管，防止科研工作者腐败违纪。

5. 实施电子签名异地报销

对高校的科研项目管理改进来说，科研项目统一管理平台的设计理念可以体现出电子信息化应用的优势。科研项目统一管理平台既可以进行项目预算上传控制、项目实时监管以及项目经费异地报销等，也可以实现科研项目成果评估、绩效评估。平台内可以实现由各科研项目内财务助理进行统一的票据审核，在异地对发票上传后制作凭证，由分管科研的校领导和科技处、财务处等人员进行电子签名实现异地报销，最后由财务助理对纸质凭证进行填报存档工作，方便课题结项后决算审计等工作的进行。

实现电子发票异地化报销可以有效减轻高校财政资金支出进度的压力。采用电子签名可以放开各高校高层领导的手脚，解决签字时领导不在事情就停转的问题，可以实现任何地方任何时间均可办公的效果，也是进一步提升行政事业单位办公效率的良好对策，而这些都需要依附强大的信息化平台支持。

6. 优化科研经费报销流程

科研人员反映的报账难不是难在财务会计核算报销上，而是难在签字审批的过程上。各高校应该对原有的烦琐复杂的经费报销审批程序做出顺应国家"放管服"新要求的改进，将一些分散的相关度较低的权力集中到科研项目负责人的手里，加强内控管理以抵消权力集中所带来的弊端，提高高校对科研项目的服务质量，积极响应国家号召，重视科研项目带给高校的一些隐形红利。

以高校科研经费管理模式为例来进行流程改进：在科研活动中将原来校领导签字的额度从一万元提升至十万元，不仅提升签字额度，而且将管理结构从原来的纵向延伸变为扁平化平台管理，对科研经费进行简化管理，减少经费报销单上的联签手续甚至取消一些不必要的签字手续，但这种简化管理并不意味着放松内控，相反，利用平台实现信息化内控是可以全过程掌握经费去向的。

7. 加强校内审计监督职能

（1）协调内部监督

高校应充分发挥内部审计、纪检、监查等部门在科研经费使用管理中的作用，科学整合和联合高校内部监督力量，建立联合工作组，加强对科研项目经费管理和使用的监督检查；定期发布大学各单位在检查中发现的典型案例，时刻警醒各高校科研工作人员。

在科研项目经费监督方面，学校内审计部门应当把科研经费管理和使用纳入重点审核范围，根据规定按时对所有科研项目经费的使用进行抽查和审核；对重大科研项目进行全程审核，确保科研项目经费受到全程监督。与此同时，学校应将科研经费管理纳入主要部门负责人的经济责任评估和项目负责人的绩效评估内容，对于存在滥用等违规情况的部门和项目负责人，纪检监管部门应当按照有关规定给予处分，并将相关负责人纳入科研项目申请黑名单，禁止其后续一段时间内申请科研项目。此外，高校应积极推进财务信息披露，建立信息披露机制，对非秘密的、有问题的科研项目的整顿情况和审计报告进行披露。

（2）协调外部监督

外部监督部门包括上级财政、审计和其他政府部门。虽然高校内部监督能够及时有效地对项目经费进行监管，但由于内部监督存在内在局限性，因而不能够坚决处理发现的问题，存在整改不彻底的现象。此时，必须采取外部监督重新对内部监督进行监管，加强内部监督的有效性。

为最大限度地弥补高校内部监督方面不可避免的缺陷，高校可以采取财务审计招标的方式对科研经费进行管理，可以从符合资格的、业内评价较高、费用低、服务好、效率高的会计师事务所中进行选择，由会计师事务所对高校科研项目经费进行审计，以加强科研审计力度和监督功能。同时，按照无越位、无空缺、减少监督环节、不增加高校负担的原则，外部监管部门要改变多重监督、重复监督和检查频次较高的情况。财政部门应该协调各监管部门的工作，从不同角度、环节和业务领域监督高校科研经费的使用，提高外部监督的效果，充分发挥综合监管的作用。

8.加强科研人员的政策意识

第一，要使科研人员对国家科研管理政策和制度有全面的了解和认识，清楚地认识到科研经费的国有属性。无论是高校通过何种渠道筹集的用于科研项目中的资金，其所有权都属于学校，归学校统一管理和支配。高校要加强对国家新的财务管理制度和科研经费管理方法的宣传力度，使相关工作人员对新的政策和文件都有全面深刻的了解，使科研人员对科研经费的使用范围、用途等都有正确的认识。

第二，高校要采用多种方式对科研经费的管理方法进行大力宣传，其中可以通过定期对科研人员进行财务规则制度的培训和教育，对于近期违规使用科研经费的人员和事件进行通报批评，使广大科研人员对此类事件高度重视，时刻保持警醒。

9. 加强对科研经费的内控管理

（1）规划管理部门内控权限

根据国家目前对科研方面的放管服要求，在科研经费使用方面需要放大科研人员的自主权，简化预算编审程序及预算编制要求，让高校实现自主管理。高校借此机会可以创新性地提出弹性预算编制，将管理的变革落到实处。通过科研项目统一管理平台的内控管理模块，建立一套涉及科研、财务、审计等方面的内控制度，在内控模块设计时依靠授权控制原则和相互牵制原则，落实责任机制，做到相关管理部门信息共享以简化项目管理流程，降低内控监督的难度，全流程管理权限交给科技处和项目组负责，其他各个相关管理部门进行内控监管。所有的监督和审计过程均可在建立的科研项目统一管理平台上进行，各部门的办公透明化可以有效地缩短科研流程花费的时间，实时对科研经费进行监督管理，缩短了监管的滞后时间，在事中就进行监督控制，甚至可以在事前进行预判控制，提高科研监督管理效果和科研经费使用效率，减少对科研资金的浪费。

（2）委托第三方评价科研绩效

知识经济的快速发展使科学技术成为科研项目的核心，专有技术、专利权等以知识为基础的无形资产也成了科研重点关注的方面。科研项目做出科技成果才是其实施的最终目的。在科技成果方面应该做出明确的规范，可以引进第三方评估机构对科研成果进行评估，减少人为因素造成的评估结果不准的问题。第三方评估机构可以解决校内审计部门由于缺乏差异性科研项目专业知识而达不到科研项目评估要求的问题，也可以减少学校内部对科研进行评估时经常出现的论资排辈现象，缓解年轻科研人员的不公平感，有助于提升他们参与科研活动的积极性。

10. 完善科研经费管理的制度和政策

通常我们将管理费用计算不合理、支出失去平衡和结余任意性较大等问题，归咎于预算编制不合理和预算执行监督不到位。然而，会计政策的不相容性和会计核算无法满足学科体系的要求等也会导致高校科研经费管理中一些难以自行解决的共性问题的出现。近年来，科技部发布的科研项目管理规定中明确提出要对科研项目进行全面预算管理，对研究项目的所有支出包括与研究有关的直接和间接费用进行合理预算，但是一直没有准确统一的方法来计算和分配科学研究的总成本，特别是间接成本。如果不能从根本上解决项目管理制度本身缺乏科学性的问题，单方面采用强制手段对高校存在的问题加以制约，可能会造成更加严重的经费浪费。幸运的是，政府部门和高校近年来一直致力于建立和完善科研项目经费管理制度，并对高校科研成本核算进行相关研究。需要指出的是，虽然在国家政策环境不变的情况下，高校只能遵守国家政策，但这并不是说高校没有任何对存在的问题采取措施的自主权。高校可以积极向政府反映面临的具体问题，积极推动政策和法规的制定，主动参与相关的国家政策讨论，以确保在制定国家政策时能够结合高校的特点。

11. 构建科学的科研项目绩效管理体系

第一，制定一套科学的绩效评价指标体系。科学的绩效评价指标应当具有可衡量性、可比性和全面性，不应只体现论文发表数、专利数等科研成果，还应综合考虑经费支出、预算执行情况、审计监督结果和成果转化等内容。

第二，尊重科研规律。根据不同类型科研项目的特点，分类划定指标评价标准。

第三，实行全生命周期绩效管理。科学研究通常是一个漫长的过程，仅在项目验收的时候对项目执行期间的指标完成情况进行评价，无法真实完整地反映资金投入取得的效益。高校开展科研项目绩效管理，应当覆盖项目申报、实施、验收评审和投入应用的全过程，可在项目结束后进行绩效评价，通过事中动态评价及时查漏补缺，降低执行风险，减少专利浪费，提高科研成果转化水平。

第四，将科研项目绩效管理与科研奖励机制相结合，将绩效评价结果充分运用到科研资金分配、奖励发放等方面。通过绩效管理来提高科研项目经费管理水平，完善资金分配机制，把科研资源向优秀的人才和团队倾斜，充分调动科研人员的积极性和创造力，切实提高科研经费使用效益。

二、高校净资产管理改革

高校的净资产是保证学校完成教学、科研及后勤服务保障所必需的物质条件。高校的净资产管理是学校财务管理的重要内容。净资产是国家为兴办、维持或发展某些社会部门（如行政机构、社会团体等）而建立的以价值量表现的物质基础的来源。高校正是凭借这部分物质基础得以开展各项业务活动并顺利完成各项工作。

第二章　高校财务管理改革

（一）净资产的特性及类型

高校作为社会公共组织，其净资产是指资产减去负债的差额。计算公式为：

$$净资产 = 资产 - 负债$$

高校净资产特有的性质决定了高校的净资产是由事业基金、专用基金、固定基金和结余组成。作为高校资产的重要组成部分，净资产是高校财务管理的重要内容。由于净资产种类多，并且具有不同的形态，因此，高校必须根据各类净资产的特点采取不同的办法加以管理。一方面，净资产是高校的物质基础，加强净资产管理有利于全面、准确地反映高校内部业务工作的完成情况和财务管理活动的质量；另一方面，做好净资产管理有助于明晰各部门资产所有者和资产占有、使用者的权益，正确处理国家、集体、个人三者的利益关系，分清权责，防止国有资产的流失，以促进各项工作的顺利完成。

（二）高校净资产管理改革的内容

1. 事业基金管理的改革

事业基金是高校具有的一种净资产形式，是一项重要的储备资金，既可用于弥补高校年度收支差额，还可用于对外投资，灵活多用，因此高校必须加强对事业基金的管理。

事业基金是指高校拥有的非限定用途的净资产，包括一般基金和投资基金两部分。一般基金是指高校历年结余分配后形成的用于弥补以后年度收支差额的资金。投资基金是指高校以固定资产、材料等实物，以及货币资金和无形资产对外投资所占用的资金。当高校出现年度收支失衡时，可用一般基金来弥补其差额。一般基金在高校的资金运动过程中，发挥着"蓄水池"的作用，用来调节和平衡高校年度收支。通常情况下，一般基金要不断地滚存积累，不过，它只能用于弥补单位的年度收支差额，不能用于其他支出。投资基金则不同，它是能够给高校带来经济效益的资金储备，既可用于投资固定资产等实物形态，也可用于证券、无形资产投资。由于投资基金主要用于对外投资，因此，它不能直接用于高校内部支出，也不能弥补年度收支差额。

事业基金中的一般基金主要由高校的结余分配转入。当高校年度收入大于支出时，其结余按照规定比例提取职工福利基金后，剩余部分将转入一般基金。此外，高校的对外投资以流动资产形式收回时，也应转入一般基金。事业基金中的投资基金的主要来源是高校对外投资所占用的资金。当高校以资产形式进行对外投资时，这部分资产实际上没有被直接消耗掉，应当按照规定转入事业基金中的投资基金。事业基金一般为正数或者为零。只有当高校支出大于收入较多或者发生较大损失，用以前的年度事业基金无法弥补时，年度结余将出现负数，负结余不能进行分配和结转事业基金。

事业基金中的一般基金和投资基金性质、作用不同，因此，对一般基金和投资基金应当分别管理。具体管理要求如下。

（1）要统筹安排一般基金

由于一般基金是高校的一项重要储备资金，主要是由高校业务发展需要积累的，因此，一般基金在管理时应当量入为出、统筹安排、合理使用。当年度收入大于支出时，结余为正数，应在结余分配中按一定比例转增一般基金；当支出大于收入时，结余为负数，则需以前年度一般基金弥补其收支差额。另外，高校在确定年初预算时，如果支出预算出现赤字，也可以直接用一般基金弥补。

（2）要确保投资基金的保值增值

投资基金是高校对外投资所占用的资金，能够为其带来经济效益。当进行对外投资时，高校应当首先保证对外投资的安全与完整，防止资产的流失，然后才追求投资效益。当增加对外投资时，则应及时调增投资基金；如果要收回对外投资或者投资发生损失时，则要相应调减投资基金，使投资基金与高校对外投资相一致。

2. 专用基金管理的改革

高校专用基金是具有专门用途的资金。专用基金管理得如何，将直接影响高校开展工作的顺利程度和教职工生活水平的高低。

专用基金是指高校按照规定提取或者设置的具有专门用途的资金。专用基金是高校内拥有的限定用途的净资产，主要包括修购基金、教职工福利基金、住房基金、医疗基金和其他基金。

高校的专用基金主要具有以下特点：①专用基金具有专门的来源和用途。专用基金的资金来源相对稳定，通常高校的各种专用基金都有明确的来源和提取比例。例如，教职工福利基金是按照一定比例从年度结余分配中提取的，修购基金则主要源于事业收入和经营收入等。同时，各种专用基金都有特定的用途，不得相互占用、挪用，以保证资金使用的合理、有效。如修购基金只能用于固定资产的修理与购置，住房基金只能用于改善职工的住房水平等。②专用基金要独立核算。专用基金具有专门的用途,为了确保专款专用,各种专用基金都要专门设账、单独核算和管理。此外,专用基金的使用属于一次性消耗,没有循环周转,不能通过专用基金支出直接取得补偿。

各项专用基金是在满足各项业务活动需要的资金以外,根据工作发展和提高职工物质文化生活水平的需要而设置的,高校应该对其加强管理。专用基金的管理要求具体如下。

(1)正确处理和使用各项专用基金

各项专用基金的提取必须按照国家有关财务制度的规定办理,并报主管部门和财政部门核准。高校应当正确处理各项专用基金之间的比例关系,统筹兼顾、合理分配,既要有利于促进各项工作的开展,又要注意不断改善和提高职工的生活福利水平。在使用时,必须贯彻专款专用原则,防止任意扩大基金支出。

(2)划清各项专用基金的界限

例如,修购基金主要用于固定资产的维修和购置,它是一种生产性基金,可以促进高校业务的发展。因此,对修购基金应当专户核算、严格管理,不能同福利基金、奖励基金相互流用。高校的各项专用基金应在独立的存款户内存取使用,不能与经费存款混淆。

3.固定基金管理的改革

固定基金是指高校所有的固定资产占用的资金,是固定资产的货币表现形式。高校的固定基金主要源于国家基建拨款、专项经费拨款、专用基金转入、新制度施行前用事业经费或自有资金购置、自制、无偿调入、融资租入或接受捐赠的固定资产等。

固定基金是以价值的形式直观反映高校固定资产的规模。为了防止固定资产的流失,充分发挥资产的使用效益,高校应加强对固定基金的管理。

高校的固定基金具有以下特征:①固定基金与固定资产原值相等。在一般情况下,高校的固定资产账面原值与固定基金是相等的。因为按照国家规定,高校的固定资产不像企业一样要计提折旧,尽管非政府组织要按照规定提取修购基金,但实际上并不减少固定资产的账面原值,所以,两者基本上是相等的。只有当公共组织以融资方式租入固定资产时,由于实际支付的固定资产价款与其原值不相等,两者才可能出现不对等的情况。②固定基金的资金运动过程相对稳定。由于固定资产的使用期限通常在一年以上,具有能够多次使用、在使用期间能基本保持原有的物质形态的特点,其价值在多次使用中随着固定资产磨损程度的加深而逐渐消耗、转移。因此，作为固定资产价值表现的固定基金，在资金运动过程中也表现出占用时间长、消耗速度缓慢的特点，具有相对的稳定性。

加强固定基金管理，可以充分发挥固定资产的使用效益，有利于调整和盘活固定资产，防止固定资产的流失。管理要求具体如下。

（1）及时调增固定基金

当发生固定资产的购建、盘盈、无偿调入以及对外投资用固定资产形式收回等情况时，高校除了在固定资产登记簿和固定资产卡片上进行实物登记外，还要视实际情况，按照规定的计价原则和方法及时调增固定基金。此外，高校以融资租入方式租用的固定资产和以分期付款方式购置的固定资产，则应当以实际支付和结算的租金及分期付款的金额增加固定基金；未付租金和款项，则作为负债处理。

（2）及时调减固定基金

当发生固定资产的报废、报损、转让和盘亏，以及用固定资产形式进行对外投资等情况时，高校应按照国有资产处置批复书或国家其他有关规定及时调减固定基金，以使其与固定资产实物形态相等。

4. 结余管理的改革

结余管理是净资产管理的重要内容。高校应按照国家有关规定，做好结余的分配。结余是指高校年度收入与支出相抵后的余额，它反映了各单位年度财务收支的结果。由于高校实行了各项收入与支出的统一核算、统一管理，其中，高校的收入包括财政预算拨款和单位依法取得的其他各项收入在内的全部收入，支出是用各项收入安排形成的全部支出，所以应当用公共组织的全部收入与全部支出相抵来计算公共组织的结余。其平衡公式为：

$$结余 = \sum 收入 - \sum 支出$$

高校的结余与企业利润的概念不同。企业的生产经营活动是以营利为目的，其利润是在严格的成本核算的基础上，通过产品的销售和提供劳务而形成的，它体现了企业的经营成果。通常企业利润要向所有者分配，而高校的业务工作不以营利为目的，其结余的形成既有完成工作计划的前提下因节约开支而形成的结果，也有可能是组织计划和工作任务调整造成的结果，还有因工作计划未完成或者项目需要跨年度进行而结转下年度使用的资金结存。因此，高校的结余并不完全体现为高校业务工作的经济效益。同时，高校的结余除提取职工福利基金和预算外资金结余需上缴财政专户外，一般不向出资者分配。高校的结余主要用于业务工作的开展，以便取得更大的社会效益。结余的管理要求具体如下。

第一，认真清查年度收支活动。为了准确计算公共组织结余，高校在计算各项结余前，应对本单位全年收支活动进行全面的清查、核对、整理和结算。凡属本年度的各项收入，都要按照规定的类别及时入账；凡属本年度的各项支出，都要按照规定的开支渠道和标准列支。只有这样，才能如实反映公共组织全年收支情况。

第二，按国家规定正确计算结余。高校在计算结余时，要根据国家有关规定和要求，对不同性质的结余采用不同的方法进行计算。如专项拨款结余、事业结余、经营结余等要分别计算，避免相互混淆。

第三，对结余进行合理分配。高校应严格执行国家的有关规定，按照规定对结余进行分配和结转。实行预算外资金结余上缴办法的预算外资金结余，要及时、足额上缴财政专户；专项拨款结存，要按照规定结转下年使用；非政府组织可供分配的结余，要按照规定计提职工福利基金后，将剩余部分转入事业基金。由结余分配形成事业基金后，事业基金不再直接安排各项支出，只能用于弥补以后的年度收支差额。

三、高校负债管理改革

高校负债是从现代企业财务制度中引入的一个新概念。以往，在计划经济体制的影响下，我国高等教育一直是以政府办学为主，实行预算拨款的预算管理模式，经费基本来自国家拨款。随着教育体制改革的不断深化，扩招后财政投入与教育经费不足，在本来就微薄的财政拨款中，其硬件设施难以满足教学需要。于是，各高校为了顺应国家大力发展高等教育的趋势，纷纷举债办学，以解决自己在发展壮大的过程中办学资金不足的问题，使得高校的财务管理也随之由原来的无风险管理变成了风险管理。

（一）高校负债经营风险的成因

1. 国家政策方面的成因

我国的高等教育自1999年扩招以来，连年快速发展。许多高校引入企业"负债经营"理念，试图抓住时机发展高教事业，增强办学后劲。究其原因在于：一方面，我国高校依赖于财政拨款这条单一的筹资渠道已远远不能满足目前日益扩大的办学规模需求；另一方面，办学资金的第二来源即学生收费已经到了极限。

为了保证高校的教学质量，解决发展资金问题成为当务之急。在我国，社会、企业以及个人捐赠，发展校办产业等筹资途径还不完善，所以解决高校筹资难的途径只剩下一条，那就是贷款。早在20世纪90年代，国家就出台了相关政策文件，鼓励和支持高校运用金融信贷手段融通教育经费的做法，从法律上认可了高校采取负债融资的可行性，成为高校负债融资的保障。再加上银行业对高校的信用评级过高，融资环境宽松，这让建设资金紧张的高校争取银行贷款有了巨大的动力。

2. 银行方面的成因

由于我国高校收入多元化，加之有政府的担保，一些金融机构视其为优质大客户，积极争取、主动贷款，有时放宽贷款条件，这在一定程度上扩大了高校的债务规模。

我国高校贷款主要源于金融机构，债权人多以商业银行为主，有一部分为国家开发银行。商业银行贷款额度大，政策较为宽松，多为短期的流动贷款。国家开发银行贷款额度有限，主要是中长期固定贷款。商业银行往往以获取利润为经营目的和发展动力，所以贷款利率一般高于国家开发银行。

3. 高校自身方面的成因

（1）自筹资金能力有限

高校需要根据国家的相关规定收取学生学杂费。虽然学生数量有所增加，但是杂费金额毕竟有限。

高校教育经费包括投资者投入、捐赠或其他来源的部分。相比于一些国外高校，我国一些高校这部分收入较为有限，无法满足正常教学经费的需求。此外，我国高校资金受社会经济、科学技术、文化要素的影响也比较大。

（2）对负债办学的风险认识不足

一些高校的管理决策层缺乏有偿使用、支付负债资金使用成本的观念，"等、靠、要"思想严重，在筹资方式、渠道等方面心里没底，对合作办学和广为吸纳社会投资方面认识不足，存在着筹资不力、盲目筹资、负债资金不能充分发挥作用等问题。有些高校只重视筹资成本，忽视了筹资风险，而且缺乏起码的风险管理意识，以致不能按期还款；有些高校甚至认为高校的资产属于国家，由于学校并不是营利企业，属于公益性事业单位，没有破产的风险，还不上贷款也无所谓。贷款实际上就是对学校预期收入的透支。然而我国部分高校好大喜功，在缺乏严密的可行性论证的情况下，就盲目上新项目，片面追求数量规模，导致贷款规模过大，还款时间集中，所贷的金额超过实际的偿还能力，进而影响学校的生存和发展。同时由于教育市场不断发生变化，高校原本过于乐观的预期发生偏差，预期的收入无法实现，再加上贷款数额巨大，期限较长，利息负担沉重，学校背负巨额的债务负担，收不抵支，必然会形成严重的财务风险。

（3）基本建设资金缺口较大

高校扩招后，为达到规定的办学标准，产生了大量硬件及配套设施方面的需求，常见的如老校区改造、新校区建设等。多数高校负债主要用于基本建设方面，如建设新校区、图书馆、食堂、学生宿舍等。基本建设需要大量资金，而财政资金和自由支配资金又要支付正常的教学运转、职工工资、维护成本等费用，不足以支持基本建设。同时，基本建设通常周期较长，投资回收期长，且多是公益建设，回收收益小，因此进一步增加了资金缺口。

（二）高校负债管理的改革策略

1. 控制高校债务风险

（1）明确债务偿还的主体责任

由于我国高校的大部分收入来自政府拨款，并且由于历史发展原因，我国的高校大多数都是由国家或各个地方政府作为主体进行管理的，导致高校在向银行借款时并不会考虑如何还款，因为高校认为就算债务再多再大，最终都会由政府出面解决。

基于上述原因，要解决债务风险需要各个高校明确偿还债务的责任主体，而高校作为民事办学的法律主体，必须承担办学过程中的责任，所以应当明确高校为债务的偿还主体。政府应当明确自己不是高校债务的保证人，不承担高校债务的偿还责任，从而促使各个高校能够按照自身发展情况合理控制债务规模，降低自身偿债风险。

（2）加大政府对高校的投入

我国政府对高校的投入不足。政府拨款对高校来说是最大的一笔收入，也是解决债务问题的资金来源。我国对教育事业的投入虽然每年都在增长，但只能算是达到及格。政府拨款收入对高校发展来说大多数情况只能保证高校收支平衡，但由于现今高校债务规模极大，想要在短期内将债务问题解决并不容易，需要政府加大对于各个高校的财政拨款，让高校能够拥有多余款项以偿还债务。若能将债务控制在一定范围内，那么高校也如企业一样，可以充分利用财务杠杆来发展自身。

(3)合理调整学费结构

高校的学费属于事业性收费,是除了政府拨款收入以外最大的收入来源。但由于高校学费调整关乎我国民生等多方面的问题,虽然部分高校的学费也有所调整,但额度都在10%以下。从社会角度来看,我国的经济发展水平不均衡,仍然有很多学生经济条件较差,如果一味上涨学费对这部分学生而言压力过大,所以如果增加学费的上涨幅度,可能会导致其他问题的产生,并不是好的解决方法。

为真正使得教育资源公平,在适当提高高等教育学费收费标准的同时,也要兼顾各个薪酬阶层尤其是贫困群体的教育投入问题,落实资助帮扶,在提高高校自身收入的同时,维护好各个群体的利益。

(4)吸引社会捐赠

社会捐赠是高校获得其他收入的一个有效途径。我国高校在吸引社会捐赠方面仍然处于研究阶段,国外的高校在社会捐赠方面发展得相对成熟。

鼓励社会对高校进行捐赠,可以增加高校收入,切实减轻高校债务问题,有利于高校发展。健全社会捐赠制度同样需要政府、市场、高校三方共同努力,由政府建立捐赠制度,吸引市场参与者捐赠,从而让高校更好地发展。

(5)运用大数据防控平台提升高校债务风险管控能力

有必要加快推动建立高校债务风险控制的大数据防控平台,实现区内高校债务数据的信息收集、分析评估、风险预警和跟踪处理,对风险进行事前预防、事中监控、事后处理,通过流程数据化,建立高校债务风险的全自动预警机制。一是要设定风险管理政策和目标,将债务管理、风险防控的有关政策、流程转化为统一的、标准化的风险控制目标,固化至债务风险防控系统。二是要关联预算管理系统、财务数据平台等,及时采集各类与债务风险相关的经济活动数据。三是将采集到的经济活动数据与风险控制目标进行比对识别,对债务风险进行评估与监测,划分不同等级的风险级别。四是根据风险应急预案启动风险应对措施。运用大数据等手段对高校债务风险进行管控的同时,要充分考虑并努力完成以下两大任务。①避免数据孤岛。高校可以将债务风险管理系统与单位财务信息平台、内部控制信息系统等建立数据联动关系,只有动态联动数据才能及时发现异常,从而实现债务风险预警功能。主管部门应建立统一的大数据应用平台,统筹标准数据库,对区内各高校的财务数据与债务数据进行纵向与横向的对比,实现区内各高校债务信息与财务管控的深度融合,更高效地防控区内高校债务风险。②统一债务计量口径。根据高等教育事业发展规律,制订统一的高校债务风险评价指标体系，使相关单位、主管部门有针对性地对债务风险的管理、控制与监督情况进行评价和改进。

2. 健全高校债务管理机制

我们应加强高校债务管理，继续完善高校债务管理办法或实施细则，建立健全高校债务"借、用、管、还"的全过程闭环管理体系。

第一，加强高校贷款额度审批管理。结合各地实际情况，严格限额管理，严控新增债务，对高校举借债务设置"天花板"，并充分考虑债务风险，按照有关高校的财务状况、债务余额、贷款期限、还款计划和贷款用途，在充分考虑贷款的长期、短期风险的基础上进行审批。

第二，确保债务投向保障重点，兼顾使用规范与效益。首先，保障重点。债务额度优先保障国家和各地区重大建设统筹推进项目、已开工项目的资金需求，对已招标项目、已立项项目根据贷款额度剩余情况进行适当安排。其次，限定用途。新增债务应主要用于学校基础设施建设和教学仪器设备购置，不得用于日常运行经费及人员支出。最后，限定期限。高校债务应以3年期以上的中长期债务为主，对举借3年期以下的短期债务和流动资金债务不予审批，以时间换空间，可用债务置换方式解决当前债务风险。

第三，强化高校债务风险管理。如通过建设高校债务风险预警平台进行风险监测，通过将预、决算报表，债务报告或报表等数据进行关联对比，构建全面的风险预警指标体系。风险预警指标不光针对单个高校，还要能涵盖所有高校的累计风险。根据债务风险预警值，确定风险等级，建立不同风险等级的应急响应预案，从而做出不同控制行为决策，将各种可能发生或即将发生的风险损失降到最低。同时，要强化主管部门和高校管理层责任，在官员政绩考核机制方面要明确其在职期间的"社会经济成效—政绩运行成本—债务风险水平"的联动考核标准，强化其离任审计，增强其预算约束。

第四，构建高校债务偿还机制。可以根据债务项目的不同性质，建立不同的债务偿还保障机制。

3. 加强会计监督成果应用和落实

会计监督不只是履行好在业务发生过程中的监督职能，监督的结果应当最终转化为业务流程的整改成果，带来高校整体经济效益的提升。一方面，高校可以利用会计人员的专业知识和技能协助开展项目可行性论证、债务成本测算、现金流管理等业务，充分发挥会计监督的积极作用。另一方面，要加强会计监督部门与业务部门的沟通交流，使业务部门真正认识到会计监督的价值所在，能够主动配合查找和整改问题。会计部门在完成会计监督任务后，要督促业务部门及时整改、认真整改，从根本上解决问题，而不是浮于表面的应付式整改。

第二节　高校财务管理改革的动力

一、高校新财务制度的制定

（一）高校新财务制度制定的必要性

高等教育事业对于国家的发展是有重要影响的，它会直接关系到国家以及民族的长远发展。高等教育发展中最为重要的部分就是高等教育体制。随着我国高等教育体制在改革开放后不断地改进、完善，我国的高等教育发生了明显的变化。高校的业务不再是单一的教学，而是变得多样化，有着多种集资渠道，学校的教育经费增多，办学自主权也不断增强。

在如今信息化的大环境下，高校的财务工作不再像过去一样，仅是核算、记账等工作，而是变得难度更大、更加精细，因此高校财务的地位不断提高。由此可见，高校财务对预算要高度重视，对预算进行细化，要做好这一部分就需要有相关的制度保障。

（二）高校新财务制度变化的内容

随着我国高等教育事业的发展，高校财务管理工作的内外环境发生了巨大的变化，资金来源日趋多元化，高校资产规模大幅度增加，经济活动更加复杂。如何有效地开展经济活动，并对经济活动进行规范管理，确保经费使用安全、规范、有效，将是高校财务管理工作的重点，2022版《高等学校财务制度》（以下简称《制度》）的出台是在该背景下对高校财务管理工作提出的新要求。

1. 管理责任更加明确

一是在总体上进一步体现了高校的法人主体地位，明确了财务工作实行校长负责制。按照高校内部治理结构的要求，校长负责并不意味着校长个人承担所有的责任，而是在学校党委的领导下，校长应当明确学校财务工作的议事规则和决策程序，严格执行"三重一大"集体决策制度，完善多层次的经济责任体系。二是进一步明确了高校实行"统一领导，集中管理"的财务管理体制。规模较大的学校可以实行"统一领导，分级管理"，但必须遵守和执行学校统一制定的财务制度，并接受学校的统一领导、监督和检查。三是强调高校应当设置总会计师岗位，协助校长进行财务管理工作，明确了总会计师岗位的权利和责任。

2. 制度要求更加精细

一是强化了预算和决算的程序及制度要求，对预算编制的依据、程序及预算调整提出了更具体的要求，增加了决算管理的有关规定。二是收支管理要求更加细化，调整了收入和支出的分类和口径。三是完善结转和结余管理，明确结转和结余按照同级财政部门的规定执行。四是强化了资产管理，调整了固定资产分类和价值标准，要求应当对固定资产计提折旧，不得使用财政拨款及其结余进行对外投资，对资产的出租、出借进行了更严格的规定。

3. 成本费用管理更加规范

与原《制度》相比，新《制度》增加了成本费用管理的内容，要求高校应当根据事业发展的需要，实行内部成本费用管理，加强成本核算。按照相关核算对象和核算方法，对业务活动中发生的各种费用进行归集、分配和计算；在支出管理的基础上，将效益与本年度相关的支出计入当期费用，将效益与两个或两个以上年度相关的支出，以固定资产折旧、无形资产摊销等形式分期计入费用；要求高校建立成本费用与支出的核对机制，实行成本费用分析报告制度。

4. 风险控制更加严格

《制度》明确要求高校应当建立健全财务风险控制机制，规范和加强借入款项管理，严格执行审批程序，不得违反规定举借债务和提供担保。高校应当严格控制对外投资，在保证学校正常运转和发展的前提下，按照政府有关规定可以对外投资的，应当履行有关审批程序。

5. 财务监管更加健全

一是明确了高等学校财务监督的主要内容，要求对财务运行的全过程进行监督，形成事前监督、事中监督和事后监督相结合、日常监督和专项监督相结合的监督机制。二是要求建立健全内部控制制度、经济责任制度、财务信息披露制度，依法公开财务信息。三是要求学校自觉依法接受主管部门和财政、审计等部门的监督，主动接受社会公众监督。

二、知识经济环境

(一) 知识经济与高校财务管理

高校的发展目标是传授知识，培养人才，创造最佳社会效益。高校既是培养科技人才的基地，又是技术创新的发源地，可以说，高等教育是高新技术的诞生地和摇篮。知识经济是以知识为基础的经济，它的技术含量很高。随着知识经济时代的到来以及市场经济体制改革的深入，高校面临着新的生存环境，与高校管理息息相关的财务管理工作也面临着新的挑战。

(二) 知识经济环境对高校财务管理的影响

知识经济对高校财务管理产生的影响是多方面的，就目前的分析来看，知识经济大环境使得财务会计的管理内容由实体经济转向了无形财产，工作环境也变得更加复杂化，主要体现为计算机技术和网络技术在财务会计工作中有了广泛的应用。另外，知识经济使得传统的财务管理工作模式受到了冲击。因此，知识经济对高校财务管理的影响是多方面的，从具体的方面分析这种影响可以更好地认识知识经济时代下高校财务管理工作的现状。

1. 对工作环境的影响

在知识经济时代的大背景下，高校的教育、行政以及科研工作的开展，普遍性地采用电子采购、支付以及订单等模式进行活动交易。在目前的高校具体工作中，计算机的使用具有了普遍性，网络推广和应用的范围逐渐扩大，从而为多种市场的融合和有机统一提供了基础。在这样的大趋势环境下，高校财务会计的核算、分析评价以及预算等工作系统均受到了比较严重的冲击，传统财务工作的风险也在大幅度提升。

2. 对管理内容的影响

知识经济时代给高校财务管理带来的突出影响还体现在管理内容方面。从财务管理的具体分析来看，传统的财务管理工作的对象都是实体经济，而伴随着知识经济的发展，高校的无形财产在迅速增加，现阶段，对高校无形资产的管理已经成了会计工作的核心。简言之，在知识经济大环境中，以智慧以及智力资产组合构成的无形资产在高校的资产比例中的占有份额不容忽视，而这种现状会直接作用于传统的财务会计思想，进而促使其发生变化。总而言之，知识经济时代大背景导致了财务管理内容的改变，所以具体的管理工作需要在内容上做出调整。

3. 对财务工作模式的影响

知识经济时代对高校财务管理的第三个显著影响体现在财务工作模式方面。从目前的情况来看，知识经济的迅速发展导致了产业结构的重大变革，产品的结构也在这种变革下发生了比较大的转变。为了适应这种转变，高校的财务工作人员必须对财务工作模式进行清晰的认识和全面的了解。从现实分析来看，现阶段的高校财务管理模式在应对知识经济的财务会计内容时存在明显的滞后性。这种滞后性的产生不仅是因为工作模式本身的不完善，也因为工作人员自身素质和水平不够，所以说知识经济时代下的高校财务管理工作，不仅要具备相适应的模式，而且还要有高水平的工作人员，这样，高校财务管理工作水平才会有较好的提升。

三、社会管理创新与高校财务管理

社会管理创新与高校财务管理是指通过树立社会管理新观念，采取和运用社会管理新方法、新手段，在多元主体参与的格局中有效解决社会问题、实现社会的共同治理。由于高校财务管理更具有基础性、公共性和非营利性等特征，本书从社会管理创新的视角重新对其进行认识和探讨。

我国高校办学体制改革的不断深化，使得高校财务管理的内、外部环境都发生了重大变化。就外部环境而言，高校办学经费来源由过去由政府单一拨款改为现在的多渠道筹资，除政府拨款外，还有面对广大学生的教育收费，来自企业、社会或个人的赠款、捐资，各种纵向、横向课题经费，校办企业、公司的利润收入，学校与企业、政府、社会合作办学的经费以及非全日制、计划外各种办学的学费收入等。这就造成了高校经济成分、利益主体和利益诉求的多样化，使得高校财务管理的社会性特征越来越显著，增加了高校财务管理的难度。

外部环境变化引发了高校内部财务管理活动的性质、职能、管理理念及方式方法的调整、转变与创新。在高校办学体制改革不断深化的背景下，高校的财务管理已发展成为多主体共同参与下的一种相互关联、相互影响的网状结构财务管理体系，而高校财务管理部门就是这个网状结构体系的中心。财务管理部门通过预算分配，使经费、资金流入这个网状结构的不同节点（部门、学院、团体等），通过不同节点对经费的使用与管理实现其价值。

由此可见，如今的高校财务管理已发展成为在财务管理部门的引导下不同经费使用主体的协同管理。由于现在高校的经费来源与经费项目多样化的特点，不同来源与不同项目的经费会牵涉不同的使用主体，具有不同的性质与用途，应根据其各自的使用要求和规范进行分别化的管理，这也构成高校财务管理网状结构的一个重要成分。

以上变化决定了高校财务管理不再只是一项单纯的、孤立的技术事务和业务活动，而应形成一种由多主体参与的网状化财务管理结构。

四、部门预算与国库集中支付制度环境

（一）部门预算环境

1. 高校财务管理部门预算的问题

部门预算改革是对传统预算管理方法的根本变革，触及既有利益格局和各方关系，加之受综合配套改革推进等多种因素的制约，难免会遇到各种各样的阻力，因此，要达到完整、细化、综合、法治的部门预算改革目标，仍需不断努力。

（1）对财务预算管理的重要性认识不够。随着高等教育事业的蓬勃发展，高校规模不断扩大，教育经费增长较快，财务管理科目逐渐增多，财务工作量明显加大，高校办学经费来源发生较大变化，财政拨款、银行贷款、学校收入、产业收入、社会投资等形式的办学经费给高校带来了大量的全方位的经费支持。对于这些资金的管理和使用是新时期高校财务管理的重要任务。然而，许多高校并没有认识到财务预算管理的重要性，不能适应高校快速发展的财务管理需要，没有建立科学有效的财务预算管理及监督机制，未能将财务预算管理的责任落实到位，缺乏科学理财的主动性和积极性，使预算管理流于形式。因此，各高校内部要加强学习和宣传，充分认识这项改革的重要性、艰巨性和复杂性，争取学校领导和教职工对这项工作的理解和支持，加强与校内各部门、各院系的配合与沟通，积极化解矛盾和阻力，使改革能够顺利进行。此外，高校财务人员要加强学习，提高业务素质和应变能力，以适应改革发展新形势的需要。

（2）部门预算没有真正做到"零基预算"。目前，部分学校仍然没有完全脱离"基数加增长"的预算编制方法，造成高校之间经费分配的不公平。主管部门和财政部门应根据各个高校事业发展计划对资金的需求分配预算资金，真正做到"零基预算"。

2. 部门预算对高校财务管理的积极影响

（1）高校部门预算的公开将有助于政府和高校进一步深化部门预算改革，完善预算支出标准体系和政府收支分类体系，增强预算编制的准确性、科学性；有利于进一步细化部门预算编制，增强预算约束力，严格执行预算进度，实现预算与决算的有效衔接；有利于高校加强资产管理，促进资产管理与预算管理的结合；有利于高校依法理财、民主理财。

（2）实行高校部门预算公开是推进高校管理体制改革的必然要求，也是强化对高校办学的制约和监督，从源头上预防和治理腐败的重要举措。高校部门预算的公开不仅不会引发社会矛盾，反而能够增强社会对高校的信任，更有利于社会稳定。社会的监督也有助于高校精打细算，把有限的资金用到发展急需的地方。将高校部门预算置于社会监督之下，提高了财务信息的透明度，可有效遏制高校在收费、招投标等方面的腐败现象。高校只有对自身财务信息进行公开，才能提高社会力量的参与热情，帮助公众正确地理解高校的办学困难，提升高校办学形象。

（3）不同高校之间的横向比较可以起到"准市场"的作用，办学效率比较低的高校会受到社会舆论的监督和责难。同时，高校部门预算公开有助于财政部门对高校展开财政绩效评价，并将评价的结果与拨款制度改革相联系。社会和政府的双重监督将会有效地促进高校提高办学效率和办学质量。

（二）国库集中支付制度环境

实行国库集中支付制度后，尽管强调不改变预算单位的资金使用权，不改变预算单位的财务管理和会计核算权，改变的只是财政资金的拨付方式和程序，但是由于客观情况的多变性和复杂性，高校财务管理中仍出现了许多新问题。

（1）部门预算的准确性、科学性和规范性直接影响国库集中支付制度的实施。部门预算是实行国库集中支付的基础和依据。目前，在部门预算中，人为地将支出项目按资金来源对应区分预算内和预算外资金，与目前高校财务执行《高等学校财务制度》和《高等学校会计制度》（以下简称"两个《制度》"）中实行"大收大支"的综合预算财务制度不相符，与高校实际不相符。

（2）实行国库集中支付制度后，财政资金要通过财政直接支付和财政授权支付两种方式拨付使用，这与现行的两个《制度》相矛盾。高校要满足国库集中支付的要求，就会增加会计核算的难度，并使核算趋于复杂化。学校在用零余额账户资金支付时，不仅要分清类、款、项，而且还要分清是基本支出还是项目支出。在预付购货款、借款及应付款时，由于确认支出在时间上不一致，因此要分别确认项目支出、基本支出和分清支付渠道，这在实际工作中很困难，会给财务人员的工作带来不便。

（3）财政部门从预算到支出实行全过程监督与控制，每项费用开支必须根据预算进行安排，资金的使用不再像以前那样灵活，增加了单位的理财难度，同时使学校对社会资金的筹集能力有所降低。近年来，高校大规模扩招及基础建设的大量投入，导致资金缺口越来越大，因此，在财政拨款无着落及高校自身创收很难短期弥补的情况下，高校应积极开展银校合作，争取银行贷款已成为这一时期高校主动适应市场竞争、争取经费给养、保证其生存与发展的重要工作。实行国库集中支付制度以后，高校在商业银行的账户被取消，只允许在指定的商业银行保留零余额账户，且该零余额账户也是由财政部门指定的，只有计划额度，没有实体资金，余额保持为零。没有了银行存款的沉淀，没有了收费权的质押，高校自然也就失去了与银行交易的砝码，这些因素必然堵塞高校向银行融资的渠道，增加了高校筹资的压力。

第三节　高校财务管理改革的实践

当前，我国所有高校，即便是规模较小的高校都采用了权责更为明确、管理更为科学、机制更为灵活的"统一领导，分级管理，集中核算，绩效考评"财务管理体制。

一、统一领导

当前我国高校普遍实行的是"党委领导下的校长负责制"，其实质是确立党委在高校经济管理工作中的核心领导地位，同时充分发挥校长在学校经济管理工作中的重要作用。高校内部最高权力集中在学校党委，凡涉及高校所有重大方针、政策、体制、机制等事关全局、事关全校的重大事项统一由学校党委决定，由学校第一责任人——校长负责组织贯彻落实。校长对社会负责，对师生员工负责，对学校党委负责；学校党委对省委、省政府负责。这一体制并未真正实现我国高校"政校分开，管办分离，独立自主"的目标。

要真正实现高校自主办学、办好学的目标，就应当建立健全现代大学制度，从宏观和微观两个层次构建现代高校法人治理结构，明晰产权，明确责任，扩大自主权，下放管理权。宏观方面，高校应当建立健全董事会制度，董事会成员应当包括政府、高校、企业、民间团体、科研院所等在内的杰出代表和财经专家，改变政府通过行政手段和行政命令来约束高校的行为，改由董事会的形式进行管理。微观方面，高校应当建立健全财经管理委员会（或财经专家工作组）、绩效考核评价委员会、预决算编审委员会、内部审计委员会等组织机构，实行董事会领导下的校长负责、委员会监督的运行机制，并保持各机构之间既能各司其职、各自负责，又能相互制约、相互联系，同时建立健全与之相适应的教代会、工会等民主管理和监督机构，进一步完善高校法人治理结构，这样才能让高校真正成为"自主办学，自我约束，健康发展"的办学实体。

二、分级管理

当前，在我国高校现行管理体制下，党委办公会、校长办公会、专家委员会、党委委员、校级领导负责管理全校性事务，对涉及学校整体的重大经济事务做出统一决策。校级财务机构负责组织贯彻学校层面做出的财务决策，具体办理各项财务事宜。校内各职能部门、教学院系、科研院所在学校统一决策和控制下对预算下达的经费进行自主管理、自我调配、自由使用，负责开展各项具体教学科研等活动，完成各项教学科研任务。

当前，这种财务运行机制如果没有健全的经济责任制度、监督检查考评奖惩制度等就难以明确各部门的责、权、利，难以调动各部门增收节约的积极性，不利于学校的健康发展。只有在现代大学董事会治理机构下，才能具体明确政府、高校、部门三者各自的责、权、利，赋予高校更大的自主权，赋予校属各部门更广阔的空间。只有充分发挥财经管理委员会、绩效考核评价委员会、预决算编审委员会、内部审计委员会等科学管理、集体决策、全程监控、全面考评的作用，才能保证高校财务决策的灵活性、适应性、效益性，避免以往重大经济决策"一言堂"的缺陷。

三、集中核算

当前，我国高校在会计核算体系方面应当按照学校综合财务预算涉及的部门和内容，把校属所有部门的所有经济业务全部集中到校级财务机构（通常是财务处或计划财务处），按照统一口径、统一标准、统一要求进行集中处理、集中核算（具有法人资格并进行独立核算的校属经济实体除外）。学校所有资金收入必须由学校财务部门集中收取、集中管理，学校所有资金支付必须按照学校统一的财务规章制度由学校财务部门集中执行、统一支付。

当前，高校在注重会计核算、保证会计信息质量的同时，应更加注意财务管理功能的发挥，彻底改变"重核算，轻管理"的片面做法，着重加强学校资金运作，拓宽资金来源渠道，控制资金应用方向，加强事前、事中、事后的资金效益管理，全面提升财务管理在高校经济管理工作中的核心作用。

四、绩效考评

为保证实现"权力到位，责任到位，资金到位，效益到位"的高校新型财务管理具体目标，当前，我国高校按照管理层次分别建立了学校和各部门行政负责人的经济责任制，以及各级财务主管、财务人员的经济责任制，构建了多层次的经济责任体系，同时也建立健全了相应的经济效益考核评价奖惩机制。设置专门的部门对校属各部门的经济责任履行情况、绩效情况进行全面的监督检查、考核评价，及时找出经济管理过程中的偏差、漏洞及存在的其他问题，认真分析查找原因，查处违规用款行为，严肃财经纪律。

第三章　高校财务管理的创新背景

新形势下，新会计制度的出台、实施，互联网技术、信息化技术等多项技术的发展以及教育产业化的发展使得财务管理工作发生了巨大变化。高校应该正视财务管理工作面临的新形势、新挑战，积极推动财务管理工作形式和内容的创新发展，促进其可持续发展。

第一节　新会计准则实施背景下的高校财务管理

一、新会计准则实施的重要作用

（一）强化会计信息质量

相较于传统会计准则而言，新会计准则进一步加强了对会计信息的重视，对于会计数据信息的生成质量提出了更高的要求，优化了会计基本内容，并将更多的注意力放在了会计信息的形成方面。财务数据的原始凭证真实完整是后续成本划分和记账统计的基础，全面及时地进行初始计量与后续计量是会计信息形成过程的重要环节，进而影响财务报表的有效性。因此，强化对会计信息形成过程的控制，保障会计信息质量，能为财务管理工作奠定良好基础，发挥财务管理功能，促进学校发展。

（二）推动会计管理与国际接轨

新会计准则的实施在很大程度上保障了会计信息的有效性以及数据的真实性。此外，新会计准则还在一定程度上与国际会计惯例进行了有效衔接，对原一般准则做了较大修改。新会计准则中的会计信息质量要求强调实质重于形式，突出财务会计的目标是提供有用信息，在高校财务管理中发挥了"指示灯"作用，明确会计核算、监督、分析、评价的过程应注重细节，为相关决策提供可靠依据。与国际接轨的过程有效推动了会计管理水平的提高，同时指明了高校财务管理的发展方向。

（三）优化会计核算处理的方式

核算处理方式的优化调整也是新会计准则中更新的重要内容，给当前我国高校财务管理工作提供了准确的实操指南。例如，新会计准则要求在进行存货核算的过程中，不能使用传统会计管理理念下先进后出的方式，应采用加权平均法，按照先进先出的方式进行计算。这种核算方式的提出为高校资产管理提供了新的思路，同时，也有效提升了高校资产管理的科学性，减少了因资产减值带来的损失，最大限度地保障了高校的资产安全。

二、新会计准则对高校财务管理的影响

在社会经济迅猛发展的时代背景下，旧会计准则呈现出诸多缺陷和不足，而新会计准则能对之进行有效改进。新会计准则增设了会计核算相关项目，契合了我国社会经济发展状况，并且加强了财务预算，真正落实了对财务管理的有效监管。新会计准则对高校财务管理产生了诸多方面的影响。

（一）拓宽了资金来源

原有的高校财务管理手段十分单一，并不能随着业务活动的开展而灵活做出调整，制度体系不完善，无法起到约束和引导作用。近年来教育体制改革深入推进，高校教育管理办法和资金筹集方式也朝着多样化方向发展。与其他国家高校的教育资金来源相比，我国高校作为非营利性组织，发展过程中大部分资金都来自国家财政拨款，资金来源渠道单一，对财政依赖性极强。时代的发展以及教育体制的改革对高校财务管理制度、会计制度也都提出了更高要求。新会计制度全面兼顾绩效、预算、资产和债务等多个方面，增设了收入和结余科目，引入了权责发生制，使高校财务工作趋于规范。

在旧的会计制度下，高校财务管理的工作方法比较单一化，而且管理制度也有待完善。我国高校教育资金的筹集方式比较单一，主要依靠国家财政，这也就意味着我国教育资金对国家财政有极强的依赖性。如今，随着教育体制的改革以及新会计制度的落实，教育管理方法和资金的筹集方法更加多样化。新的方法和理念对旧会计制度中存在的问题进行了完善与补充，从而对高校财务管理绩效、

财务预算以及固定资产管理等方面做到了全面兼顾。同时，由于财务结余、财务收入等多项管理模块的增设，也使高校资金管理结构更加清晰，强化了高校财务管理工作的规范性。

（二）增加了会计核算内容

旧会计制度缺乏会计核算的相关内容，严重阻碍了高校在开展财务管理的过程中实施良好的会计核算。高校在开展财务管理的实际工作中，可根据新会计制度实施资金核算，能够有效增强资金透明度。

（三）准确反映高校资产的真实情况

在高校资产中，教学设备和器材等各类固定资产占据的比重较大。因此，对固定资产进行管理维护具有重要意义。在旧会计制度中，固定资产相应的维修基金仅占据很小的比例。因此，如果仍然遵循旧会计制度，高校就难以有效管理、维护和充分利用固定资产。旧会计制度缺乏关于固定资产折旧的制度，导致高校财务管理难以反映固定资产折旧的真实情况。新会计制度增设了固定资产目录、分类、折旧方法、核算依据以及各类固定资产相应的折旧年限等。另外，新会计制度增设了无形资产、固定资产清理以及累计折旧等内容，能准确反映高校资产的真实情况。

（四）为高校提供成本核算依据

高校收费方式和标准对于高校招生以及高校管理运行产生的影响很大。为确保高校正常施行其收费标准，需构建完整的成本核算体系。新会计制度包含的成本核算项目能为高校成本核算相关问题提供解决方案，并为高校提供成本核算的依据，帮助高校降低教育成本。

（五）强化高校财务绩效考核评价

在传统的高校财务管理工作中，重点关注对资金的使用与匹配，一定程度上忽略了财务管理中的绩效考核评价，从而导致高校中一些项目效益无法最大化实现，而且无法进行准确的评价与比较。通过实施新会计制度，不仅可以对项目成本进行有效管理，而且也能够更好地开展绩效考核评价。与此同时，新会计制度也有利于加强高校财务决策的有效性，使高校中的各项资源得到最佳分配，全面提高高校财务管理工作效率，促进高校的可持续发展。

（六）提升会计主体信息的质量

在高校财务管理工作中实施新会计制度，不仅能够提高财务预算管理水平，而且也可以更好地开展财务规划工作，全面提升会计主体信息质量。一方面，通过实施新会计制度，可进一步明确对财务会计管理的要求，增强传统财务会计在工作中所发挥的作用和优势，准确地反映出高校的财务状况。另一方面，通过实施新会计制度，也能够将财务会计和预算会计进行结合，优化整个财务管理体系，确保高校财务管理工作的作用和价值得到充分发挥和实现。

（七）提升高校财务执行力

新会计制度的出台和实施能够为高校财务工作的顺利开展提供强有力的保障，通过多方面的完善与补充，让其朝着规范化、制度化、标准化方向发展。财务人员应深入了解新会计制度的相关内容，以此为主要参考，明确财务管理的具体要求，对资金支出、资产管理予以精确控制，既要保证固定资产核算的有效性，又要避免在无形资产核算方面出现漏洞。

（八）准确计算高校人才培养成本

当前我国社会发展迅速，高等教育也逐渐转向大众化，高校扩招让越来越多的人都拥有了接受高等教育的机会。除了师资力量、专业设置、学习氛围等方面，高校的收费标准同样也是人们择校时关注的重点。想要保证收费标准和方式的合理性，需要有完善的教育成本核算体系。就目前的情况来看，高校类别、专业的差异会直接体现在人才培养成本上，原有的会计制度难以准确计算出人才培养成本，进而导致高校收费标准和实际情况有着较大偏差，会额外增加高校的成本投入。在新会计制度下，高校教育经费的分类更加精细，比如科研费用、教学费用是分开核算的，还可适当引入现代企业在财务管理方面的理念和方式方法。

（九）提高高校财务管理水平

第一，新会计制度的推广实施能够提升高校会计核算的工作效率。和其他普通单位不同，高校的性质比较特殊，其并不以营利为目的，而且在日常会计核算中，能够对其带来影响的因素是多方面的。在完善的制度体系的约束下，高校经济活动能够顺利开展，也可使会计核算水平与效率得以保障。

第二，新会计制度的推广实施可促进资产的优化配置。固定资产、无形资产等都是高校日常管理中需要重点关注的内容，原有资产配置不合理、运行维护不到位等都是比较常见的问题，反馈渠道不畅通也容易引起资产闲置、浪费等现象。在新会计制度的相关要求下，财务人员在资源配置方面有了可靠的参考标准，可如实反映高校的资产购置、办学费用以及其他方面的情况。信息披露机制的建设使财务管理的科学性与有效性得到了保障。

第二节　互联网背景下的高校财务管理

一、互联网概述

（一）互联网的发展历史

由于互联网发展有综合性的特点，研究其发展历史的视角有很多层面。近年来，许多学者对中国互联网的发展史进行了梳理，但由于研究视角不同，关于发展历史的阶段性划分也各有不同。

陈建功和李晓东从互联网重点应用方向出发对中国互联网的发展历史进行了合理的阶段性划分，主要将其分为3个发展阶段。第一个阶段是引入期，这个时期主要是指互联网从国外引入国内的过程。1994年，中国的首条国际专线开始与国际互联网接轨，之后，各个区域的高校开始建立互联网合作线路，学术需求促进了中国互联网的商业化发展。第二个阶段是商业价值发展期。互联网通过商业化得到了极大的发展，衍生出了互联网的商业模式并逐渐趋于完善。互联网在这一阶段中对经济发展起到了巨大的推动作用，在信息技术社会的基础设施建设中也扮演着重要的角色。第三个阶段是社会价值凸显期。在这个阶段，互联网作为信息传播的媒介得到了进一步发展，自媒体等一系列社交工具的衍生使得信息传播速度更快。

方兴东和陈帅从互联网促进社会联结的视角出发将互联网发展史分为3个阶段。第一个阶段是弱联结阶段，在该阶段主要是PC互联网，以邮件、新闻等为代表性应用，主要用于产业治理。第二个阶段为强联结阶段，该阶段主要是移动互联网，以博客、微博、微信等为代表性应用，主要用于内容治理。第三个阶段是超联结阶段，在该阶段互联网的技术特性是智能物联网，以短视频、AI、VR等为代表性应用，主要用于社会综合治理。

彭兰从互联网发展年代的视角出发将互联网划分成4个阶段。第一个阶段是20世纪90年代，这一时期的互联网主要是以"新浪"等三大门户为代表。第二个阶段是世纪之交的头10年，这一时期主要是以BAT（B指百度，A指阿里巴巴，T指腾讯）为代表。第三个阶段是21世纪10年代，这一时期主要是以TMD（T指今日头条，M指美团，D指滴滴）以及BAT为代表。第四个阶段是21世纪20年代起，互联网以智能化为主要特点。

（二）"互联网+"的概念与应用

1. "互联网+"的概念

"互联网+"大家都很熟悉，但是到底什么才是"互联网+"呢？它是指以互联网为主的新一代信息技术在经济、社会等方方面面传播、运用，以及与各传统行业深度结合的过程，对人类社会和经济发展都将带来重大、深刻而广泛的影响。

人们通常会简单地将"互联网+"看作传统行业与互联网的融合，但事实并非如此。"互联网+"并非二者的机械相加，它是一种新型的发展模式，是在充分利用互联网平台和互联网技术的基础上促使两者更为紧密融合。"互联网+"不能简单地将其理解为一种新技术，它还是一种新的经营模式，利用新兴的互联网技术进行资源整合、模式创新，最终增加了社会资产。

"互联网+"对传统行业的改革升级产生了极大的推动作用。温海霞研究了相关的理论和实证，指出在未来各行各业必将连接互联网，网络技术和大批量设备为它提供了良好的基础，而人们的需求又是它强大的驱动力。当被互联网化的人变得越来越多时，市场敏锐度高的商业机会也会蜂拥而来，不同于以往的全新商业模式也将被创建出来，进而渗入传统产业，到最后引发生产力的革新。

2. "互联网+"的应用

"互联网+"的运用场景很多，主要体现在大数据和云计算、物联网及电子商务这三大板块。"互联网+"的发展虽然不算太久，但大致可分为消费互联网和产业互联网两个阶段。前者更多的影响是在消费行业，给消费者带来了更多便利和优惠；后者则对工业和流通行业产生了巨大的影响，颠覆了原有的行业模式。在"互联网+"的影响下，新的供应不仅孕育而生，新的需求也随之而来。

在产品设计、生产、销售及消费者选择权、消费者满意度等方面，"互联网+"都在产生积极的作用，并最终影响消费行为。对"互联网+"时代消费升级的特点和走向进行准确的认识,并以此为基础探究"互联网+"对消费迭代的影响,能够使政府和企业在做消费政策的时候更加精准,并进一步将消费者的消费欲望激发出来,将消费潜力释放出来,有利于形成消费型经济发展模式。

二、互联网背景下高校财务管理的特点

(一)信息云端化

简单来说,相关数据通过计算机得到统一管理,并且管理平台置于云端,此过程能大幅度提高信息处理效率。

(二)结构扁平化

完成网络系统搭建工作可以使财务管理部门和其他部门形成紧密的协作关系,并且相互间的交流能够保持畅通,进而使管理结构更加合理,呈现出扁平化特征。

(三)管理网络化

通过利用信息化管理系统,可以确保信息记录更加详细、更加清晰,使后期的计算、查询更加方便,从而提高工作效率和财务管理的网络化程度。

三、互联网背景下高校财务管理信息化应用的必要性

(一)创新管理模式

在传统的财务管理模式中,可能会出现财务信息传递缓慢、财务信息登记不准确等现象。基于互联网背景下展开高校财务管理,可以使得财务管理信息云端化,加快财务信息传递速度,建立安全的网络平台进行管理,以此来避免信息泄露或丢失。而且在进行高校财务管理时,可以不断地创新管理模式,使得管理方式更加多样化,以此来推动高校的发展。

(二)顺应时代发展潮流

进入互联网时代后,随着科技水平的大幅提高,网络信息技术在更大范围内得以应用。网络信息技术具有显著优势,可以切实提高高校财务管理的整体效

率。各大高校对此应有正确认知，主动应用互联网技术，有效提高财务管理的信息化水平。

（三）符合互联网快速化办公需求

合理应用互联网技术可以保证短时间内实现信息传递，信息处理的效果也可以更加理想。在过去很长一段时间内，高校通过人工方式进行财务管理，由于需要处理的数据信息较多，所耗时间较长，整个管理工作呈现出滞后性。进入互联网时代，数据更新明显加快，陈旧的人工管理模式会增加数据错误概率，而有效应用信息化技术是解决相关问题的主要途径，有效落实计算机管理可以保证财务管理的效率明显提升，确保高校稳定发展。

（四）提高高校财务管理的工作效率

在传统的财务管理中，申请经费需要通过财务管理部门评估、结算等较长时间的审核，而且所有文件也需要各个部门签字，这使得财务管理部门的工作效率降低。在互联网背景下展开高校财务管理工作，可以使财务管理人员充分利用互联网信息技术手段进行审核，以此缩短审核周期、加快信息传递速度。这样也可以不断地提高高校财务管理部门的工作效率。

（五）使财务管理信息更加科学

在互联网背景下开展高校财务管理工作，可以建立一套完善的管理模式，使得各个部门的工作人员能够通过信息技术手段更加全面地掌握财务流动方向，并且使统计的财务信息更加科学和准确，从而使高校财务管理模式更加精细化。

四、互联网背景下高校财务管理的发展策略

（一）创建智慧校园财务管理模式

由于我国的云计算技术、互联网技术、大数据技术等的快速发展，各大高校开始实行智慧校园的建设工作，并且进入了全新的发展阶段。部分高校开始建设校园虚拟卡系统，利用相应的平台为广大师生和职工提供服务，营造智慧化的校园生活环境与购物环境，有效提升了校园的信息化管理能力和服务效果。在此过程中，财务管理部门应积极创建智慧校园下的工作模式。

第一，有机整合相应的自动化办公系统和移动化业务系统，利用完善的工作平

台与服务入口等，为师生提供便利性的服务，全面共享各类数据信息，将办公工作和移动端、网络端等相互联系，提升智慧校园下的财务管理工作模式创新水平。在实际工作中还可以将智慧校园作为依托和载体，全面整合各个部门的财务数据信息、资金应用数据信息等，集中、统一地开展数字化管理工作，在网络技术和智慧校园技术的支持下，实现在线数据信息交流，增强整体的财务管理工作效果。

第二，采用先进的智慧校园信息系统与平台，高效整合人力资源费用信息、资产管理费用信息和学生收费方面的费用信息，动态性、实时化地整合有关数据内容，保证所有财务数据信息的真实性和可靠性。从当前高校的实际情况来看，学生使用校园卡需要到现场区域充值现金，但是学生下课后的时间属于校园卡充值工作人员不上班的时间，这给学生带来了很多不便。为解决此类问题，财务管理部门和相关的银行之间要签订合作协议，建设校园卡在线充值的项目，学生通过网络平台就可以绑定银行卡进行校园卡充值。这样不仅能够提升使用校园卡的便利性，而且还能降低工作人员的压力，同时为财务工作提供了一个数据信息收集的集中化平台。

第三，由于高校中的水电费管理系统、学生支付系统等处于独立性的状态，不利于管理部门统一收集数据信息、执行管理任务，因此，应结合智慧校园的情况创建完善的虚拟卡平台体系。学生在平台进行身份的验证，开通手机缴费的功能，通过平台在校园区域消费；同时，平台系统还需涉及水电费管理部分、维修费用管理部分等，将所有的付费环节统一在一个平台，便于财务管理部门在平台之内收集整理各项数据信息，增强数据处理的及时性和信息管理的真实性。

（二）建立数据信息安全保障机制

第一，增强人员的安全控制观念意识和技能水平，安排专业性的信息技术人才对财务工作者进行各类安全知识和技能的培训，要求所有的财务工作人员都要全面掌握互联网背景下的安全维护技术。无论是预算系统费用管理系统，还是软件平台，都要使用先进的防火墙技术、杀毒软件技术、入侵扫描技术等有效维护数据信息的安全。与此同时，还需完善责任制度，明确每位人员在工作中需要承担的安全控制责任要求，一旦发现财务网络系统出现安全方面的隐患问题或者风险问题，就要严格对相关人员进行惩罚，切实增强每位人员安全维护的积极性。

第二，完善信息技术应用的安全规划方案，将信息系统的建设与技术的应用作为长效工程，制定决策计划和战略机制，按照财务工作的内容和特点提出信息系统的建设要求和安全标准，积极借鉴其他学校的系统安全管控成功经验，因地制宜，按照本校的特点进行编制，前瞻性地考虑可能会出现的各类安全隐患问题或者风险问题。

第三，创建安全应急的工作机制，要求安全管理人员结合财务管理工作应用互联网技术创新改革的特点和常见的安全问题，提前制定应急预案。一旦发现风险隐患或病毒入侵、黑客侵袭的现象，要立即启动安全预案，阻断黑客与病毒所带来的影响，维护网络信息系统中财务数据信息内容的完整性、真实性。

（三）完善信息化流程体系

高校财务管理部门以互联网为依托创新改革、完善信息化流程是非常重要的，有助于增强信息技术创新应用的效果。

第一，工作中可以利用网络技术的数据收集功能、分析功能和处理功能，在网络平台中创建资产管理的系统，对于高校所有固定资产的购买信息、安置信息、管理信息、盘点信息等进行规范化处理，同时，在平台中创建高校科研经费的规范化管理系统，准确记录费用到账的时间、支付的数据信息，将费用的支出与银行系统相联系，及时告知管理部门费用的支出状况，降低传统工作中账目核对的工作量。另外，可以创建课题经费方面数据信息实时化更新的系统，便于工作部门掌握课题经费动态化的情况。

第二，采用网络信息技术打造学生学杂费与其他费用的收取管理系统，自动化导入学生收费数据信息，学生在到达学校之前就可以利用网络支付平台预先缴费，无须申办专门的银行卡，不仅可以为学生提供便利，而且还能帮助财务部门利用专门的学生费用收取系统集中化管理其中的财务数据信息。

第三，建议工作部门创建财务预算系统与报销系统。预算系统可以帮助财务部门和其他的管理部门实时了解预算的状况，针对各类工作项目的预算费用进行严格控制、统筹协调，提升资金的利用效率。而报销系统则集中化地执行报销单据的管理工作，在平台中传输电子化单据，工作部门统一性审核并签署，降低审核工作的难度，加快各项工作的速度。

（四）健全完善信息化管理制度

高校在开展信息化建设过程中，要充分发挥管理制度的作用。现阶段，互联网技术呈现出较快的发展趋势，并在各行各业中得到应用，然而，如果缺少制度保障，应用过程中便会出现诸多问题。例如，不法分子利用漏洞恶意攻击互联网系统；管理人员未能履行好自身职责也会导致问题的发生，甚至会对学校声誉产生较大影响。高校必须对此有清晰的认识，并从自身的实际需求出发制定规章制度，确保其能够执行到位。在实施管理制度的过程中，高校也要依据实际效果适当调整管理制度，有效约束管理人员的行为，唯其如此，高校信息化建设才可顺利进行。

（五）借助互联网思维解决财务问题

1. 高校要构建一体化收费平台

目前，国内高校采用的是与银行合作的方式收取学费，学生将学费存入指定银行卡后，银行再进行统一划扣。此种收费方式存在一个弊端，如果学生未在规定时间内将学费存储到指定银行卡中，银行就无法自动划卡，从而导致学费收取失败。如果将网上收费平台大面积应用，构建一体化平台，则可解决此问题，收费管理也可有序开展，整体效率也能明显提升。

2. 高校要提升服务时效性

高校应切实落实短信提醒、数据推送功能，提升服务水平，并整合个人数据、财务业务系统，以此保证服务更具实效性。

（六）基于互联网模式整合高校与银行服务

为使财务收付服务更具实效性，高校应寻找可行性措施。具体来说，首先，高校、银行要互联互通，让用户只需要使用资金支付指令便能实现数据传输，并且当账户信息出现变动时，高校也可在第一时间知晓。其次，应汇总相关业务处理的过程，简化程序，大幅减少等待时间，提高服务效率。再次，保证财务的安全性。高校财务系统在和银行系统进行对接后，财务人员要承担审核、复核和监管等工作。同时，要合理采用数据加密技术，保证银行现有的支付系统、结算系统的数据安全，并且指令的接收要通过专用网络，确保支付业务全流程安全可靠。最后，应整合现有的互联网服务平台，确保资金处于动态监控状态，切实消除存在的支付漏洞，有效避免现金支付带来的风险。

（七）深化基于信息化的全流程管理理念

当前，高校财务普遍推进信息化建设，这并不仅仅是利用信息化手段完成传统财务管理工作，而且应该是从转变管理理念入手，以信息化平台为手段，创新高校财务管理模式，在财务核算、资产管理等方面更新理念，挖掘经费执行与项目进度的相互关系，变革经费预算、结算、核销和调整等全流程管理，制定规范化、系统性的高校财务管理流程，提高财务管理效率。

（八）加强财务信息化人才队伍建设

高校在开展财务信息化建设的过程中，必须保证人才需求得到满足，强化人才培养工作。在对人才队伍进行建设时，应有针对性地开展人才建设，提升相关人员的学习能力，从而有序开展信息化建设。

此外，还可以增加财务人员的学习机会，提供财务技能学习平台，帮助财务工作者提升自身业务水平，并采用实景模拟训练、专业技能大赛等方式，有针对性地培训专业知识、实践技能，提高财务人员的业务水平。

（九）重视高校行政管理信息化的基础建设

高校要对信息化建设的重要性有正确的认知，确保建设工作能够有效进行。为提高各项工作的成效，高校可以组建专职的信息化办公室承担管理工作。同时，从高校发展建设的全局出发，系统完善高校相关网络设施，使学校的网络建设达到一个均衡发展的水平。另外，还要发挥"最强大脑"的作用，号召全体师生为学校的信息化建设出谋划策，并综合考虑实际情况，促进学校信息化建设稳步推进。

（十）构建涵盖财务日常业务需求的信息化平台

国家在各行各业大力推广"业财融合"理念，高校作为教育领域的领头人更应响应国家号召，将"业财融合"落实在日常财务工作中。目前的高校工作涉及面较广，业务相对复杂，业务范围涵盖多个二级学院或部门，由于各个部门间存在核算方式的差异，因而信息化平台相互独立，各自拥有独立的业务模块，学院或部门间的信息共享存在对接问题。

因此，高校应构建一个综合的财务信息化平台，实现财务部门与各部门间的数据共享，进而提升校内各职能部门间的信息沟通效率。现阶段的高校财务已经完成了初期的信息化建设，已将报销、预决算、收入、缴费、一卡通等融为一体，完成了业务处理、会计核算、收入管理、财务监管的融合。但从信息化发展趋势来看，高校需要一个将数据的收集、存储、筛选、计算、应用融合在一起的财务共享平台。为满足高校财务日常业务的需求，财务信息共享服务平台可以凭借云计算技术，将各职能部门的原始数据进行整理并做加密处理后传输到共享服

第三章　高校财务管理的创新背景

务平台，各部门根据各自的需求和权限进行数据编辑及使用，如图 3-1 所示。为实现校内各部门间的数据对接，根据各部门需要开设业务端口。

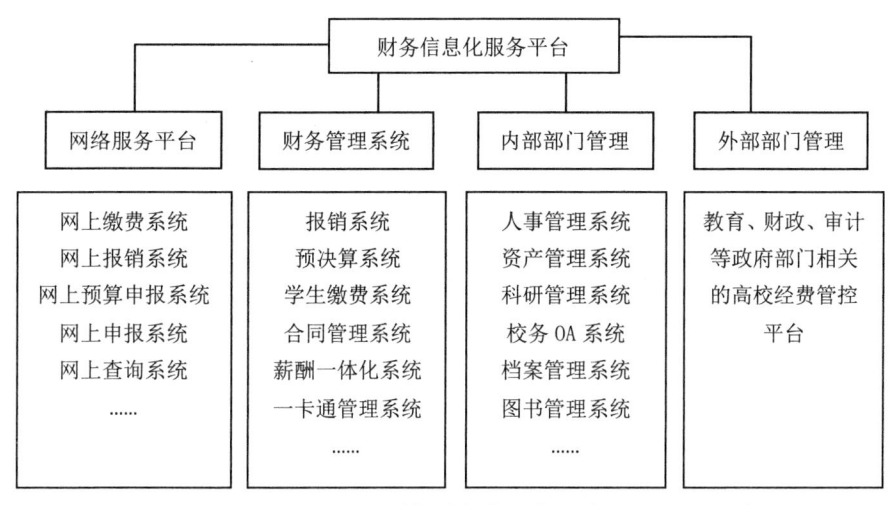

```
                        财务信息化服务平台
    ┌───────────────┬──────────────┬──────────────┐
  网络服务平台      财务管理系统    内部部门管理    外部部门管理
    │                │                │                │
  网上缴费系统     报销系统        人事管理系统    教育、财政、审计
  网上报销系统     预决算系统      资产管理系统    等政府部门相关
  网上预算申报系统 学生缴费系统    科研管理系统    的高校经费管控
  网上申报系统     合同管理系统    校务 OA 系统    平台
  网上查询系统     薪酬一体化系统  档案管理系统
  ……              一卡通管理系统  图书管理系统
                   ……              ……
```

图 3-1　财务信息化服务平台

（十一）落实监督—反馈—改进的工作机制

互联网背景下，财务管理信息化不能完全解决所有问题，实际上会出现各种各样的新问题。在这一过程中，首先需要形成监督机制，通过监督平时的财务管理工作，发现相关问题、分析问题、总结原因，然后反馈至相关人员，群策群力，搞清出现这一问题的根源，改进相关配套的流程与方法，防止这类问题再次发生。这样不断循环，落实形成监督—反馈—改进的工作机制，使财务管理工作得以良性发展。

第四章　高校财务管理的创新

高校财务管理是高校运行的重要内容之一，做好财务管理工作对其他工作环节的开展是非常重要的。然而，财务管理策略不能停留在传统管理方式上，只有不断创新才能保证高校财务管理的可持续发展，同时推进教育进步。

第一节　高校成本财务管理的创新

一、高校成本财务管理的重要性

（一）适应高校教育改革的需要

高等教育在整个教育体系中占据着主导地位，高校教学管理的质量直接影响着社会各类人才的素质水平。在我国，高校的收入来源主要是学费收入和财政拨款。根据本校的地区经济水平以及未来发展趋势，制定出合理的学费收取标准，是保障学校可持续发展的有利条件。我国部分地区的高校早在 2018 年就对学费进行了调整，制订了学费调整方案，并且已经顺利执行，从这些调整后的结果来分析，高校的学费涨幅较大，其他院校的学费涨幅则不明显。在高校内部开展成本管理，适应高校教育改革的需要，为教育改革的顺利开展奠定了基础。

（二）适应会计改革与市场经济发展的需要

我国出台了《政府会计准则——基本准则》，该准则的规范对象是事业单位和各级人民政府，它的实行使会计核算更加精细化。

对高等院校来说，财务报告所反映的主要包括运行情况、资金情况以及财务状况，为后期管理者制订管理方案提供了数据支持；决算报告则体现了本年度预算计划的执行情况，为管理层判断预算计划编制是否合理提供依据，有利于管理者调整下一年度预算。高校成本管理适应了会计改革与市场经济发展的需要，在财务管理工作中发挥着重要作用，为财务报告和决算报告的科学合理编制提供了有利依据。

（三）适应学校内部教学管理活动有效开展的需要

我国高校的成本支出主要包括教学设施建设费用、人员工资成本、科研项目推进支出以及教学管理活动费用等，这些成本支出需要提供大量资金支持。如何合理调配资金保障教学管理活动的顺利开展，是高校财务管理工作的首要任务，因此，成本管理在财务管理中具有重要的影响。新财务和会计制度为高校开展不同业务类别方面的会计核算工作提供了科学依据，为优化使用多种成本管理方式、实现成本管理目标提供了重要基础。

二、高校成本财务管理的主要特点

（一）不确定性

高校的核心任务在于人才的培养，教育成本的投入不仅和经济效益有关，还涉及社会利益。对于教育成本的界定，在不同时间、不同专业、不同学生之间都存有很大的模糊性与不确定性，主要表现在三个方面。首先，高校财务成本项目具有不确定性，对于记录教育成本核算的费用支出还没有明确的规定。其次，高校在教育成本项目中的一部分费用，很难计量其成本的数额。最后，高校教育成本的受益方与受益期间难以划分。

（二）非营利性

《中华人民共和国高等教育法》规定，"设立的高等学校应符合当前国家高等教育的发展规划，符合国家的利益与社会公共利益，不能以营利为目的"。这就说明了高等教育具有一定的公益性与非营利性，而且高校为学生提供的产品与服务对于社会的影响是无形的，难以衡量其经济效益与社会效益。因此，高校成本管理不同于企业成本管理。

（三）滞后性

高校对于学生的高等教育投入往往高于学生的学费，因此，高校成本中的学费仅能补偿部分教育投入，而且在教育成本的补偿时间上存在一定的滞后性，不是在教育过程中进行补偿，而是在学生毕业后从事工作时进行补偿，有很长的成本回收期，这使得高校对于教育资金的投入与产出表现出滞后性的特点。

（四）成本提升

社会的发展与经济水平的提高使高校的教育成本逐年提升。人才培养的质量、人才培养的应用领域、高校获取资金额度大小等都是高校教育成本提升的主要因素。高校各种费用支出的刚性需求决定了高校教育成本逐年提升的特点。同时，成本计量标准与方法的不确定性导致成本计量相对模糊，影响了高校成本计算的精确性与准确性。

三、高校成本财务管理存在的问题

（一）成本管理意识薄弱

高校因为其自身特点，属于非营利性组织，它的经济收入来源主要依靠的是学费收入和政府财政拨款两方面，因此管理者的成本管理意识不强。高校的工作重心主要在于教学，对于科研方面的成本管控没有给予重视，导致出现成本管理偏差，成本管理工作仅仅存于表面，并没有深入地进行研究来制订科学合理的管理方案。高校各部门间缺乏沟通、独立性较强，这也就导致了高校成本管理工作很难顺利进行。

（二）成本管理目标不明确

对企业而言，财务成本是企业在生产商品与提供服务的过程中出现的费用与支出，包括生产过程中的活劳动与物化劳动的价值。财务成本管理能够有效帮助企业实现价值最大化和利润最大化。高校的非营利性使其在平时的运行过程中不以营利为目的，也不会出现和成本有关的概念，从而使成本管理目标不明确或是目标缺失，严重影响了在教育工作中消耗的成本补偿。

（三）成本管理制度不健全

目前，我国高校在进行财务成本管理时，以《高等学校会计制度》和《政府会计准则——基本准则》为核算基础，这种核算方式在应计收入和费用等方面存在一定的难度。由于很多高校在统计成本费用时，大多是将总支出作为费用核算的基础，在成本管理环节没有健全的管理制度来监督，使财务管理较为混乱、随意性很强，对于财务成本的管控不到位，预算成本的执行情况没有相应的管理制度来管控，执行时出现了很大的偏差，会计核算比较随意，极易出现核算漏洞，影响最终会计核算结果。高校成本管理缺乏完善的制度和相关政策的支持，会计核算的各项工作没有办法得到有序的展开，这也是新财务和会计制度在高校成本管理工作实施中的不足之处。

（四）成本核算方法不统一

目前，高校的主要经济收入来自教育部和当地政府的财政拨款以及每年学生的学费缴纳。对高校本身来说，其自身的生存条件良好，生存压力也相对较小，同时，其主要宗旨就是教书育人，为国家培养更多的栋梁之材。也正因为这样，许多高校没有较高的成本管理意识，没有专门在会计部门使用专业的核算方法，没有实现成本核算内容以及方法的全面落实。

现阶段我国的经济也在飞速发展，导致资金的控制以及结余等方面存在一定的问题，这就直接影响了整体成本管理工作的开展。不同高校之间成本的核算方法也存在很大的差异性，使得最后想要进行统一的成本核算管理有着很大的困难，这是影响高校成本管理的重要方面之一。

四、高校成本财务管理创新的措施

（一）确定成本管理指标

加强成本管理指标体系建设是保证成本控制管理工作顺利进行的基础。在成本控制中，管理指标设计需要结合市场发展情况，结合市场行情和相关信息，通过各方面调查，确定预算管理目标，扣除缴纳税率，结合成本信息，对学校各项成本支出情况进行把控，完善成本管理指标体系，减少成本支出，提高学校成本管理效率。

（二）增强高校成本管理意识

高校成本支出在整个财务管理中占据着重要作用，它涵盖了科研、教学以及管理等多方位的费用，每一大类成本下又包含着很多明细费用支出，成本核算工作烦琐、工作量大。高校要增强对于成本的管理意识，积极推动成本核算工作的顺利进行，以教学目标为中心，实时监督经营管理中各类资金的支出情况，实现财务监控，保障资金落实到位。如果出现资金不符合财务规定的现象，要及时了解资金用途，审核资金花费的合规性，确保成本预算得以顺利实行，为教学管理工作保驾护航。

（三）完善高校成本管理制度

高校成本管理的顺利进行，需要建立一套科学合理的成本管理制度，具体从以下两个方面来实施：①政府部门要不断完善会计管理细则和制度。高校的成本管理是以政府部门出台的会计管理细则和制度为基础来实施的，政府部门要不断完善这些准则及制度，并据此确定实施流程、核算对象以及核算模式。②完善符合本校自身特点的成本管理制度。高校要借鉴市场管理机制，将资金产出与成本投入两个指标作为投资的衡量目标，使成本逐渐转化为收益的成果，提高高校的整体运行水平。高校要掌握每个工作环节的内容，根据本校特点建立成本管理制度，同时制定财务工作流程，全方位管控成本支出情况。

（四）细化高校成本核算内容

高校的成本管理要更加精细化，将核算内容进行科学、合理的划分，提高财务管理的精准性。细化高校成本核算内容，能够提高高校成本管理的准确性，从而为财务管理提供有利数据支持。

（五）实施全面性的成本管理

高校如果为了控制办学成本支出，让办学成本效益得到大幅度提高，应该加强高校成本管理，真正实现成本控制管理的全面性。在实际工作中，管理人员需要充分分析学校管理流程，优化学校基本业务成本，实现全覆盖成本管理。并且，在限制的同时还要鼓励、要求各级人员都参与到成本管理活动中，召集所有教职人员积极抑制成本支出，鼓励所有人员自主创新。成本管理并不能一蹴而就，需要不断完善和创新，通过改进成本管理对策，从计划和实施等方面进行优化，积极引进现代化技术，做好成本规划工作，将其实施到具体位置，加强实施过程追踪，反馈成本管理结果。

（六）创建科学的成本核算体系

高校在制定成本管理制度的同时，还要创建一套科学的成本核算体系，不断完善现行的会计核算科目，建立二三级会计科目，加强经济业务的成本核算清晰度，促进财务核算的顺利进行。财务核算要从两大核算模式中选择符合自身特点的核算方式，对于经济业务较少的院校，采用收付实现制来进行成本核算，能够减轻财务人员的工作量，成本费用也能够清晰体现出来；对于市场化方式运营的院校，则要采用权责发生制进行成本核算，这类核算方式更适用于业务繁多的院校，使成本费用核算更精准化；对于那些学院较多的高校，要能够将成本费用更加科学合理地划分到每个学院，从而计算出学校年度成本，提高成本核算效果。

在各院系的成本编制中，由于各院系间的学科差异与招生规模不同，因此其预算编制有很大的差异，需要分别针对自身情况单独进行。可行性分析是预算编制的重要环节，当预算编制与实际执行过程出现冲突时，一定要查明原因。在确定了科学的预算编制的情况下，各院系需要将各自的预算进行严格的执行，并将教学活动、科研活动、行政活动、后勤活动等多方面产生的实际成本累加。当部分成本无法单纯地以资金形式进行计入时，需要采取折算的方式按照一定的标准加以分配。存在学院间的合作项目时，各院系间总体记账并按照一定的比例划分并承担即可。当校财务部门与院系财务部门对接时，所有教育支出、公共支出等必须严格符合各院系的实际规模与人员组成，并按照本科生、研究生、博士生的比例、院系内教授及项目的比例综合审查，行政费用的分配律也与各院系人数有着直接关系，只有以人员组成为基础、以类似企业成本核算的方式进行严格的成本管理，才能够有效推进各院系具体的成本管理，进而帮助高校完成成本管理工作。

（七）培养高水平的成本核算人员

高校成本核算工作顺利进行，需要高水平的成本核算人员来完成，并从以下三个方面来实行：①财务管理部门要定期组织财务人员进行专业培训，分析工作中出现的各类问题，积极讨论，研究出合理的解决方案，不断调整工作模式。②对于高校成本管理制度以及管理流程，财务人员要充分掌握并严格执行，保障财务成本核算的严谨性。③建立财务监管部门，对财务核算工作进行监督检查，实时监督预算执行情况，审核资金支出用途等是否符合财务规定，定期编制财务报告，为管理层做出决策提供有效依据。

第二节 高校资产财务管理的创新

一、高校资产财务管理的重要性

（一）提升高校管理水平

新时期国家对提高高等教育质量和加强质量保障提出了一系列要求。为了提升办学质量，高校国有资产的种类、数量增长迅速，使得管理难度加大，传统的管理模式弊端愈发明显，集中体现在无法有效结合人、财、物等资源，无法发挥国有资产的自身价值，故严重制约了高校的发展。高校有必要全员参与其中，对资产管理中出现的问题进行反思，转变思路，根据高校自身情况创新和完善管理的理念、体制和制度，以适应新时代的管理需要，从而在这个过程中提升高校的科学化管理水平。

（二）促进高校服务社会

高校作为一个社会公共机构，在社会发展中所承担的角色越来越重要，对其服务社会的能力要求也越来越高。为了提高高校资产服务社会的能力，提升资产管理水平尤为重要。高校需要强化资产管理，向社会提供活动场所，为社会出人、出智，助力中小企业的发展，发挥资产的独特价值，担当起社会所赋予的使命。高校的资产管理水平能体现其服务社会、贡献社会的能力。

（三）推动高校科教事业发展

高校的国有资产一定程度上反映了学校的综合实力，是确保教研工作正常进行的基础。近年来，各高校为了提升自身的教学和科研水平，购进了大量先进仪器。避免大型仪器的重复购置，提高仪器的使用率，以及后期仪器的维护保养等问题，直接影响着高校科教事业的发展。因此，加强国有资产管理至关重要。

第四章 高校财务管理的创新

二、高校资产财务管理创新的措施

（一）完善管理体制

高校应坚持以制度建设为重点，进一步完善"统一领导、归口管理、分级负责、责任到人"的管理体制，根据学校的实际情况不断完善高校资产配置、资产使用、资产处置、资产绩效评价、日常监督等一系列制度。遵循"安全规范、节约高效、公开透明、权责一致"的原则，实现账账相符、账实相符。资产管理与预算管理、财务管理有效结合，并根据高校资产管理工作的需要，配备一定数量的专职资产管理人员，确保资产管理责任落到实处。

（二）转变管理理念

针对管理理念落后的问题，相关单位可以通过转变管理理念的方式对其进行解决。具体操作方式如下：①高校应该提升对资产管理工作的重视程度，结合当前社会发展形势，及时对自身的发展理念，特别是在管理方面的发展理念进行整合，在此基础上提升高校领导者及管理层的主体责任意识。这是建立优秀资产管理监督机制的重要基础。②高校领导层应该在充分理解资产管理重要性的基础上，采取加大宣传力度、完善学校文化建设等方式对资产管理工作人员进行培训，使其树立健康的工作思维理念，进而从根本上提升资产管理水平。

（三）加强预算管理

新增资产配置要与资产存量挂钩，依法依规编制相关支出预算。这就要求高校应按照上级部门对资产配置的数量、价格、最低使用年限等的规定要求，从学校的实际情况出发，科学、严格地建立健全高校资产配置标准。通过对现有存量资产的盘点梳理，积极整合相关资源共享共用，有效解决高校国有资产闲置浪费的问题，并把资产配置管理职能真正嵌入预算管理流程中，使得财务工作与资产工作相互促进。

（四）建立评价体系

高校应按照国家规定建立高校国有资产绩效管理制度，建立健全绩效指标和标准，保障高校国有资产绩效管理工作顺利开展。如根据社会效益和经济效益相结合的原则构建高校资产绩效评价体系,通过技术手段实现对资产的动态管理,逐步建立动态考评机制。同时,把高校资产绩效评价的结果运用到资产配置、使用和处置中,杜绝重复配置、提前处置的现象,真正运用好资产管理考核和评价结果,从而激发资产管理人员工作的积极性和主动性,实现物物有人管、人人都管物的良性循环。

(五)搭建转化平台

依照《中华人民共和国促进科技成果转化法》等国家上位法的有关规定,高校应对所持有的科技成果通过协议或市场定价等方式进行科技成果转化。推动高校科技成果转化,必然依托高校资产经营公司。作为科技成果转化平台,经营公司将有效提升科技成果的转化率,科技成果对外投资形成的股权及其产生的相关财产权益将纳入高校资产经营公司统一管理。这不仅能明确高校与公司的管理责任,规范转化管理流程,加强产权保护,推进高校国有资产安全有效使用,更能实现高校国有资产保值增值。

(六)消除信息孤岛

通过大数据、云计算等技术手段,利用现代互联网信息技术,通过系统建立完善的资产全流程管理模式,实现从资产采购到入库的高校资产全流程信息化。目前,高校各管理部门对数据信息实行独立的管理模式,导致数据库不统一、数据难以共享。解决这一问题的有效方法就是建设高校数据中心,统一身份认证,统一资产、财务、人事、科研、教务等管理系统的基础数据库,运用大数据技术,对接各部门管理系统数据接口,将来源分散、格式多样的数据集成到高校的数据中心,实现各个系统与高校数据中心的数据共享,并通过高校数据中心对关联数据进行提取、汇总、整理、分析和共享,全面掌握资产的使用管理情况,为高校决策提供数据支撑。

(七)创新处置管理

高校各部门应当对本部门资产的维护维修负有管理责任,如使用不当、维修不及时等造成高校资产损失的,资产使用部门及使用人应当依法承担责任。资产管理部门平时更应重视自身行为,科学规范开展资产处置工作,通过处置管理与预算管理相结合,稳妥地处置已有资产。同时要进行处置管理创新,变被动处置为主动处置,由"温饱型"向"小康型"转变,按需配置更新,及时调账,从而实现高校资产管理的良性循环，提升处置效率。在此基础上，建立国有资产处置年度报告制度，总结经验，提高国有资产质量，使国有资产管理朝着专业化方向发展。

（八）加强内控建设

高校资产体量巨大，管理极为不易，要从思想上认真贯彻落实党风廉政建设责任制，筑牢红线意识，始终坚持原则、守住底线、廉洁自律。从招标和采购、资产验收、资产有偿使用、资产处置、设备维修等主要风险点入手，完善相关管理制度，规范工作程序，防范风险，从关键节点强化内控管理。同时，建立健全资产监督管理责任制，资产配置计划、招标文件制定、验收、资产有偿使用、资产处置等环节邀请多部门参与，强化纪委、审计等部门协作联动监督，防止高校国有资产流失。

（九）应用物联网技术

物联网技术在校园资产管理中的应用场景丰富，能有效推进各环节管理水平的提升，提高运行效率。

1. 在设备类资产管理中的应用

高校资产数量庞大，要根据资产的种类、价值、所处环境等进行区分，差异化应用物联网技术。刚开始应用物联网技术时，出于成本考虑，可采取如下方式：一般通用设备，采用验收入账时粘贴二维码标签的方式进行管理，资产清查时使用手持式采集器，扫描采集资产使用状态信息；贵重设备或大型仪器设备，在验收入账时粘贴RFID（射频识别）电子标签，利用固定感应器或内嵌式采集器获取设备运行状态信息，对包括开关机时状态、环境情况、运行参数数据等进行收集，也可通过手持式采集器自动获取相关数据。

为保障贵重仪器设备的安全，必须能够实时获取设备准确的位置信息，并且进行实时跟踪，可通过在楼宇中加装识别器的方式进行控制。识别器安装的位置选取在公共走廊、出入口大厅的屋顶等，同时RFID识别器与每个实验室、研究所等的房屋编号一一对应，有RFID电子标签的贵重设备进入某一区域，或者离开权限范围的区域时，立即会被识别器感知，通过网络立即传输给后台服务器，服务器的后台应用程序立即进行判别，对超出预定权限的行为予以预警，准确、实时跟踪贵重仪器设备的位置信息，保障资产安全。对于车辆等移动设备，须采用 RFID 电子标签和车辆定位装置结合的方式，利用车辆安防感应器确保车辆停放安全，由车辆定位功能获取车辆运行轨迹。

2. 在房产管理中的应用

对于高校实验室、研究机构所在的房屋，可以采用视频监控结合 RFID 电子标签的方式进行管理，配合安防系统、温度感知器、人脸识别系统等，可以在确保未经允许的人员不进入房屋建筑物的同时对环境状况、资产出入楼栋情况进行监控。

物联网技术可以应用到智慧教室中，起到节约能源的作用。通过在教室中安装红外传感器，可以感知教室的人员数量，在无人的情况下，将教室人员数量数据通过网络支持层传输给应用分析层，能源管理中心的软件接收到数据后，通过预设程序将指令发送给教室的电源控制器，自动关闭无人教室的照明、空调等电源系统。同时，红外传感器数据也可以传输给应用层的教务系统软件，教务处的学生管理软件可以根据教务系统的排课情况，在课前向授课教师发送教室人数信息，向教师提醒学生的到课率，相关到课率数据也可以作为教学课程评价的重要指标。通过学工系统向需要自习的学生推荐空闲教室，或者通过推荐自习教室，让学生尽量集中自习，起到节能的作用。

3. 在危化品、试剂类资产管理中的应用

目前，我国对高校实验室、科研机构使用的危化品、易燃易爆品、易制毒品等的使用管理愈发严格，同时实验产生的危险化学试剂、危险气体、废弃液的安全管理，出于健康考虑不适宜人为进行。鉴于这种情况，有必要引入物联网技术。根据实际情况部分或全部引入热敏元件、光敏元件、气敏元件、力敏元件、磁敏元件、湿敏元件、声敏元件、放射线敏感元件、色敏元件和味敏元件等，让实验室有了触觉、味觉和嗅觉等，可以对实验室环境参数进行实时监控；通过智慧校园的数据中心，将感知数据和安防系统、预警系统联系起来，构建一个能耗低、环保、安全的智慧实验室环境。

4. 在图书类资产管理中的应用

在馆藏书籍编码上架时，粘贴唯一的 RFID 射频标签，提供给图书使用者，帮助他们通过电脑、手机等移动端快速定位图书、检索到图书，同时图书管理员也可通过标签定位实时了解图书在学校的具体位置。

5. 在数据类资产管理中的应用

高校的数据资产是指其自身拥有或控制的，以物理或电子的方式记录的数据资源。能够获得大量的原始数据是数据中心进行数据处理的基础，杂乱、庞大的数据信息对信息数据中心来说并不是一件坏事,通过算法可以对数据进行抽取、清洗、转换、加载,进而形成能够提供决策支持的大数据资源库。校园中每天都在不停地形成数量庞大的信息数据,比如学生的借还书记录、成绩信息、学籍信息、食堂用餐数据、选课信息、出勤率等,教师的教学资源、慕课信息、职称职务变动等,设备资产的存放地、使用率信息等,财务会计分录和报表信息等,物联网系统通过环境感知及时获取其中的相关信息,为数据分析提供大量的原始数据。运用物联网技术在信息数据中心的基础上进行数据挖掘、数据关联融合,可以推动数据的可视化管理,让校园数据类资产更直观、更有价值地呈现出来。

6.在资源共享中的应用

利用物联网技术提供的硬件设备和现有信息系统相结合,可以有效提高大型仪器设备的共享效率。物联网突破了传统大型仪器设备共享模式的时间和空间限制,数据管理向动态化方向发展,通过对设备空闲时段的精准感知,大大提高了大型仪器设备自主预约成功率。

(十)提升资产管理信息化水平

第一,提高资产管理人员对信息化技术的灵活应用能力,强化各项资产管理工作的信息化效果,只有这样才能够从根源上提高高校资产管理的信息化程度。另外,资产管理人员还需要与技术人员进行有效沟通,然后在技术人员的指导下对信息化资产管理平台进行有效应用,从而借助信息化资产管理平台的优势,提高资产管理质量,实现各部门之间数据信息的共享,避免资产重复购置等问题的出现。

第二,加强先进计算机技术与互联网技术的应用,借此构建专门的资产数据共享平台,加强资产信息准确性的控制。另外,还可以加强大数据技术的应用,将信息进行及时公开。这样既可以将各项数据信息的作用充分发挥出来,实现资源共享,又可以加强对数据信息的使用成本的控制,提升资产管理效果,避免资产浪费问题的出现。

第三,构建资产共享平台,确保采购人员在正式开始采购设备之前可以通过平台了解资产的相关信息,如资产的规格、价格等信息,进而为做出正确的资产采购决策打好基础。

(十一)应用智慧资产管理模式

1.建设智慧资产管理资源框架

高校应意识到智慧资产管理的重要性,通过与时俱进的互联网技术对高校资产进行分析，发现高校的潜在资产。高校可以用智慧管理模式对现有资产进行全面性管理，将其运用到可以体现高校自身价值的文化知识研究体系、决策方案、制度体系上，并对它们进行适当的保存、处理与使用。当高校进行资产分类管理时，相关管理部门可以分别将实际资产、虚拟资产、潜在资产进行分类并分工统计，根据统计结果整理出明确的资产目录。主要负责实际资产的后勤管理部门要设置专用的台账，保证实际资产的使用用途、周转有专人看管，登记的同时将数据信息录入互联网系统。对于负责高校知识产权、教学管理经验等虚拟资产的教研部门，要进行数据整理，建立专门的分析小组。小组成员以有研究成果、教学经验多的教师为主，对相关教学理念、课程研究进行分析调查，并将分析调查结果贯彻到实际教学管理中。

2. 加强学校资产管理实践

第一，完善管理机构。随着如今经济的不断发展进步，高校资产信息数据变得更加复杂，只有通过有明确分工经验的管理机构对数据进行管理，才能使多样的信息运用到真正的管理实践中。比如管理机构应明确数据信息资源管理的主体是组织，要将成本运算、收益情况等与时俱进的管理方式灵活地运用到资产管理中；还要在高校定期进行资产数据计算、复盘，着重分析资产价值，比对相关资产的成本，掌握高校的资产优势，结合资产比例进行合理分配，帮助高校资产管理模式进一步提高。高校资产管理受管理机构直接领导，它可以从根本上帮助高校了解智慧资产、有效运用智慧资产，使高校管理更加富有创新性。

第二，制定标准化的管理指标体系。高校可以通过资产的投入支出数据，参考数据信息系统的数据分析，制订有针对性的资产管理方案和计划，掌握多种资产数据，实时监测资产的数据变化，明确资产支出、投入数据并计算收益。高校还要进行资产的合理分配，比如对图书馆、教室、教学楼等固定资产进行科学分析，明确资产数量、使用时间及情况，通过高校未来的教学管理方案，规划明确的资产管理目标，比如资产购买、废旧处理等管理决策。另外，高校应明确物资管理条件的相对指标，对无法量化的虚拟资产进行管理。管理体系是智慧资产管理在实践中的关键，它为高校在资产管理工作中提供可靠的数据支持，从而促进高校资产管理的进步发展。

第三，推广深度信息化管理也是高校资产管理工作的重中之重。互联网可以简化高校资产管理数据信息，但互联网技术目前还无法真正解决高校资产资源合理化配置的问题。这需要不断推广、深度信息化管理，明确用户身份信息，以高校教学整体为核心，拓宽资产管理的工作范围，实时监测资产信息变动，对于超过规定值的情况，管理系统要主动提醒管理者进行检查；还要设置多个信息模块，使模块间保持密切联系，日常管理信息都要储存在模块内。资产管理模块可以明确数据信息，通过网络技术管理资产数据，实现资源相互协作、相互管理的目标，帮助高校满足资产管理高效发展的要求。

3. 优化智慧资产管理模式的应用方式和功能

（1）高校要建立数据信息共享平台

高校资产受智慧资产管理系统的全面监控管理，保障所有资产的使用都在监控范围内。为了保障该管理模式良好运行，高校需要建立数据信息共享平台，保证所有资产管理部门的资产管理、查看权利，比如在共享平台记录、监测时，应有专门的部门工作人员负责，其他部门作为配合部门，对资产数据进行审核。若想使用教学设备，负责部门应先发出使用申请，财务部门对其进行审核，审核后交由资产管理部门，最后由使用部门储存，所有部门相互确认审核。这一系列流程可以保证高校资产资源得到更加合理化的运用，满足高校资产管理需求。对虚拟资产来说，资产管理部门要根据申请考虑实际情况，各部门管理人员共同分析，最后确认资产的使用时间以及限制要求。

（2）高校要建立资产核查机制

智慧资产管理模式可以采用无线技术，利用无线设备对资产进行科学有效的核查。比如通过此设备可以对资产进行实时监测，一旦出现可疑问题，系统会及时发送提醒，引起监管人员注意。同时，无论是何种类型的资产，都需要进行核查，以此保证资产的安全与稳定。

第三节　高校预算财务管理的创新

一、高校预算财务管理的重要性

（一）有利于防范风险

预算管理工作涉及面广，从教职工的工资、高校的日常运营费用到高校大型设备的购置、新教学楼的修建等，都需要编制预算。预算管理工作进行时间长，从预算前期工作到预算考核结束是一个完整的重复流程,几乎贯穿教职工的整工作过程。预算管理高效运行可以防范风险,保障各项工作的正常运转。

(二)有利于促进高校的发展

高校可以通过制订与当期发展规划相配套的预算计划,详细规划资金安排,明确各院系部门的工作重点和方向,从而达到提升学校综合实力的目的。

(三)有利于实现高校整体战略目标

预算管理是对高校财务资源的一次整体规划,有助于清晰、明确地认识高校的情况,也有助于各预算单位对分配资源情况的掌握;同时,预算也是各单位工作的量化标尺、行为准绳。通过预算编制,各高校可以比较全面地掌握本单位的情况,从而更好地对未来发展进行明确规划,保障预算的良好进行,保障高校战略目标的实现。

(四)有利于提高各单位及员工的工作积极性

预算管理是高校的一项重要工作,预算工作效果的好坏需要相应的制度进行奖惩。预算考核环节的实质是一种奖惩机制。根据预算执行的好坏,高校可以对各预算单位的工作进行评价考核,并进行奖惩,这样有助于各预算单位保持良好的工作态度、提高工作积极性。

二、高校预算财务管理创新的措施

(一)健全预算管理制度

1. 健全预算管理组织

很多高校的财务部门独自负责预算管理工作,导致财务部门的工作压力增大,不利于实现预算管理的权威性管控。因此,高校需要完善预算管理组织体系,建立全面的预算管理组织,对预算管理工作进行统一管控,促使预算管理具有权威性。由高校的领导层以及各学院、各部门的负责人参与到预算管理委员会中协同管理。预算管理委员会隶属于学校的理事会,预算管理委员会组长由校长或理事长担任,从而确保预算管理工作具有权威性。预算管理委员会无法实现对各项日常工作的全面管理,因此高校还要建立预算管理办公室。预算管理办公室的职责通常由财务部门担负，负责对预算的日常管理工作进行管控，并要求各预算执行主体充分参与到预算管理工作中。

2. 落实高校的经济责任制

为了优化预算管理体系，高校需要通过落实经济责任制，为各项管理工作的开展提供支持与引导。经济责任制要求坚持统一领导、集中核算的理念，提升对各项资金的使用效率，实现资金和资产的统一调配与整合，并调动二级单位的工作积极性，通过适当放权提高工作效率。高校的经济责任制要注意可量化的原则，在校内将各部门及二级学院的具体工作量化，并通过量化评估对管理效果进行考评，对各责任主体的权利进行明确，避免出现责任主体在工作过程中相互推诿的问题。

3. 完善奖惩体系

高校需要在预算执行的过程中落实奖惩机制，通过有效的奖惩机制及时发现预算管理工作的问题，并针对思想懈怠的人员予以惩罚，促使其主动参与到预算管理体系中，调动全体成员参与预算管理工作的主动性。高校通过建立奖惩机制，对各二级学院的预算执行结果进行考评，并在执行过程中对存在的各类问题予以优化，针对预算完成效果较好的二级单位予以奖励，通过内部横向对比提高各二级学院参与预算工作的积极性，调动教职工参与预算管理的责任感。

（二）完善预算流程管理

1. 优化预算参与者对预算管理理论的认识

预算管理是一项覆盖面广、参与人数众多的工作。要在高校范围内实行有效的预算管理，首先要提高相关人员对于这项工作的认识，摒除错误落后的思想观念，即预算管理涉及资金管控，是属于财务业务范畴内的工作，与其他部门工作人员无关。高校的改革发展与每一名教职工都息息相关，而预算管理工作的目标就是要提高资源的优化配置，最终促进学校的发展。所以预算管理不仅是财务部门的工作，其他部门也应当全员参与到管理工作中来，这样才能做好预算管理工作，实现促进学校发展的目标。

预算管理本质上是一套复杂的管理方法，高校要提高各部门在预算管理中的参与程度，首先要在预算管理参与人员范围内普及相关理论，提高他们对预算管理工作的认识。同时，在各部门间也要定期安排预算管理理论的学习，从而使工作人员更好地对待预算管理工作。具体措施有以下几点。

第一，在工作环境中营造潜移默化的学习氛围，如在人员来往密集的如电梯口、食堂出入口、教学楼及办公楼大厅等位置布置预算管理学习科普宣传板报，通过这种方式宣传预算绩效管理政策。

第二，通过定期举办讲座、对教职工进行学习培训、请财务人员与各部门进行交流研讨、与其他高校互相交流有效管理经验等方式，使预算管理工作的相关理念深入人心，确保预算参与人员对预算管理工作具有正确认识。

第三，组建预算管理工作负责小组，由校领导、财务部门、各预算参与部门选出代表组成预算管理工作小组成员，学校对小组成员进行重点培训，由成员们对所属部门实行二次培训。

2. 完善预算组织管理

在预算管理工作中，校内各部门既是预算责任部门，也是预算主体部门，在预算编制中有着重要的参与作用。预算管理工作与每位工作人员的利益都是息息相关、紧密不可分割的。预算管理工作负责小组成员除了提高所在部门的预算管理认识外，还要做好预算编制工作中财务部门与所在部门沟通的桥梁。

（三）提升预算编制的科学性与时效性

1. 细化预算编制内容

高校预算编制不够科学规范的一个原因是预算编制内容不够全面。按照预算编制的原则与要求，高校预算应涵盖整个学校所有收入与支出情况。在电子化信息时代，高校预算编制人员要充分利用电子设备，将数据信息化，通过建立预算项目数据库，将各年度预算、决算、涉及项目等信息进行录入，在预算编制时结合数据库信息，综合考量学校发展目标以及当年政策变动对资金做出合理分配，以保证准确性。同时也要实行全口径预算，将全部收支项目都纳入预算编制，做到没有遗漏信息，充分反映高校的资金收支情况。

2. 健全预算编制方法

财政部门对高校拨款的主要依据是在校生人数，采用生均拨款加专项补助的具体操作模式，这使得高校财政拨款收入水平十分稳定，基本没有大的变化幅度。零基预算法在这种模式下并不适用，不仅效果不明显，而且还会大大增加工作量。当前条件下，高校通常采用增量预算法进行预算编制工作，但随着学校的发展，项目数量不断增加，增量预算法开始不适用于部分预算项目。

由于高校工作存在复杂性，只使用一种计算方法无法满足高校的实际需要，在这种情况下，高校应寻找另一种科学的方法来编制预算，即将零基预算法、增量预算法、滚动预算法相结合，通过对多种预算编制方法的综合运用来提升预算编制的准确性。

在综合运用中，高校对于校内维修费、设备购置费这些变化幅度较大的项目采取零基预算法来估算项目金额。对于每年变化幅度不大、相对稳定的项目支出，如办公经费、电费、水费、取暖费等，高校还可以结合增量预算法来提升预算的准确性。对于高校预算中的重大项目可使用滚动预算法，通过定期对项目支出的实际使用情况进行审核，根据项目内容变化对预算进行调整。滚动预算法使得会计核算处于动态之中，能够加强对于重大项目资金的监督和管理，也能更好地调控项目支出情况，进而提升资金利用率，提高项目完成度。

（四）预算执行与控制的优化

预算的执行与控制是预算管理工作的中间环节，是把预算从计划转化为效益的过程，做好预算执行与控制工作才能保证资金效益的最大化。高校虽然通过OA（办公自动化）报账审批系统、会计核算系统和国库支付系统保证了预算资金的支付，但是缺乏对预算执行过程的监管，无法保证预算的高效执行。高校对预算的控制力度不够，无法保证各部门合规地使用资金。为避免上述情况的出现，高校应该强化对预算执行的监管，加大对预算的控制力度。

1. 提高高校预算执行效率

高校预算管理执行情况直接关系到校内各年度财务管理工作的完成情况，所以，提高预算执行效率至关重要。越是严格地执行预算管理，越能很好地约束各个部门。

高校的财务部门在预算编制完成之后，在执行过程中应该落实到各部门的实际负责人，实现财权与事权相统一。各财务部门预算编制时应该尽量做到准确，支出的结构应该尽量与预算的结构保持一致，二者之间的弹性越小越好，可以以支出的2%设立可调节的资金，可调节资金相当于不可预见费，一般的公用经费不在临时可调节资金的范畴里。此外，高校应加强科研下拨经费管理，设置科研项目经费报账时限，定期对未及时报账经费进行清理，提高预算执行能力和效率。科研项目负责人作为项目实施和资金使用的直接责任人，要切实承担起科学合理使用科研经费的责任；科研处作为科研经费管理部门，应加强对下拨科研经费的监督，定期监督和跟进科研项目的进展及资金使用情况。

2. 完善高校预算调整机制

高校预算调整随意性强，缺乏完善的预算调整机制。高校年中调整经费额度较大，主要为基建工程建设项目的调整。因为基建项目往往涉及巨额资金，并且时间的跨度很长，工程款在每一个节点的支付都较紧急。所以，在进行年度预算时，往往将基建项目单独进行预算管理，这导致基建项目在进行过程之中，随时需要调整预算中出现的问题。如果想要改变这种现状，就需要完善高校预算调整机制。首先需要将预算时间固定下来，只能在某个时间节点申请调整，这样可以强行让每一个部门都按时调整预算，避免随意调整的情况。另外，在调整预算时，每一笔预算都需要层层审批，最后通过相关委员会的一致同意。

3. 加强高校预算执行的监管

（1）加强用款计划的监管

高校应该要求各部门、各学院严格按照项目实施进度或资金需求情况，向计划财务处上报月度用款计划申请，进一步加强对预算执行的监管。各部门和学院于每月25号填报次月的用款计划申请表，申请表中应填写项目经费的名称、用途和申请金额，经项目负责人、部门负责人签字确认后上报至学校计划财务处。财务处按照各部门的用款计划申请，在报账审批系统中对各部门各项经费设置相应申请额度。对于未在用款计划申请中列明的事项，财务处原则上不予报销支付，如果确实存在特殊情况，应由资金使用部门向主管财务的校领导审核批准。通过加强对用款计划的监管，提升学校对支出预算执行的预判性和规划性，对提高预算的执行率有一定的促进作用。

（2）加强资金支出过程的监管

第一，完善高校经费报销的审批规则，制定经费支出的审批权限，加强各级领导对经费审批的监管。同时，各项经费支出申请都需要经过经费负责人的审批，各经费负责人也要尽可能清晰完整地填写审批意见。通过设置层层审批规则，规范资金的使用。

第二，高校会计核算科要加强对报销单据的审核。核算人员不仅要审核票据的真实性、完整性，而且要结合高校的经费管理办法，对经费使用的合规性、合理性进行审核。

第三，高校结算中心在对预算资金进行国库集中支付时，也要认真核对报销审批单、会计凭证和国库支付申请所选取的经费名称、资金用途以及金额是否一致，充分保证预算执行过程中相关信息的一致性，提高资金使用的准确性。

（3）加强预算执行力的监管

计划财务处应于每月月初对各部门、学院预算的执行情况进行统计整理，并将结果上报校长办公室，公示所有预算项目的执行进度，督促责任部门加快项目的实施。同时在高校内设立预算执行预警标准，规定截至3月份预算执行率应达到的标准为10%，并以此类推，然后将实际执行率与标准执行率对比，不达标的要向校长办公室提交原因说明及改进措施。各执行部门通过对其预算执行率不达标的原因进行分析，然后不断改进，从而提高预算资金的执行效率。

4. 加大高校预算控制的力度

结合高校预算管理的实际情况，从制度建设和信息化建设两个方面加大高校预算的控制力度，保证预算管理的权威和高效。

（1）健全预算管理控制制度

健全高校预算管理的控制制度，充分将控制活动贯穿预算管理工作的全过程：对预算编制、审批阶段实施事前控制；对预算执行和调整阶段实施事中控制；对预算绩效评价阶段实施事后控制。

如图4-1所示，在编制预算和审批预算时进行预算事前控制。严格按照预算编制的原则，采用科学的编制方法完成预算，保证收入和支出的合理性。由计划财务处联合发展规划处，结合高校的实际发展情况和战略目标，对预算内容的合理性进行分析判断，并将预算数据报送至校长办公室，由校领导和各部门负责人对预算资金的安排进行重点讨论，完成审批。在预算执行和调整时进行预算事中控制。高校各项经费的报销申请应严格按照经费审批流程进行，流程中的审批人要充分履行各自的职责和义务，关注经费支出的必要性和科学性；计划财务处在进行会计核算和资金支付时，要严格遵循政府会计准则制度，结合高校各项经费使用办法，对经费使用的真实性、合规性以及合理性进行把控，避免经费超标使用；高校应严格控制预算调整次数，并列明能够进行预算调整的事项，制定完整的预算调整审核流程，充分调控资金的合理分配。在预算绩效评价时进行事后控制。高校应建立合理的预算绩效评价体系，把所有的预算资金放在同一标准下进行合理评价，同时由审计部门和财务处严格控制评价过程的公平公正，保证评价结果的科学性和有效性。

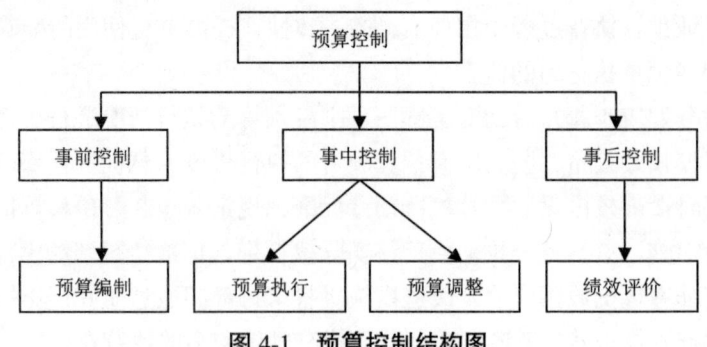

图 4-1　预算控制结构图

（2）推动预算控制的信息化建设

由于高校预算管理工作较为复杂，所以全面开展控制工作难度较大。为了解决这一难题，高校应充分借助信息化平台，将预算管理的各项工作以统一的标准、统一的口径融合到一起进行控制管理。结合当前高校财务资料的信息化水平，构建项目预算管理大数据平台。该平台基于上级主管部门的项目预算绩效管理的要求，做到对上级部门拨付资金使用情况更全面、更深入、更高维度的大数据监控，统计分析所有项目的预算预警信息及预警处理情况，实现项目预算管理水平的整体提升。

项目预算管理大数据平台建设的具体内容包括：设立科学的指标体系，监督学校项目预算执行情况；综合分析项目预算监控结果，发现经费使用问题的类型、频次、走势等；优化监控策略，逐步扩展监控模型和策略；动态监控大额资金流动情况和项目执行进度等；设立监管评价模块、监控结果分析模块、大额资金及项目监控三大功能模块；在平台基础上，组织开展全方位的业务调研和数据分析，对预算执行、绩效考评等多个场景中存在的老问题、新问题进行系统性分析梳理，并在过程中进行指标体系建设以及数据建模，最终形成适用于主管部门管理需求的项目预算管理的指标体系以及监控策略。

通过项目预算管理大数据平台，实现对预算项目的动态监控，并提供监控日志，增强财务监管的直观性、统一性和及时性。

（五）建立健全预算绩效评价体系

1. 完善预算绩效评价体系

预算绩效评价体系是指在预算编制过程中根据高校的发展情况制定出预算绩效目标，在预算年度结束后参照预算绩效目标对预算完成情况的合理性和有效性

第四章　高校财务管理的创新

进行分析。新预算法中强调了绩效在高校预算管理工作中的重要性，预算绩效贯穿于高校预算管理的整个过程，存在于预算编制、预算执行、预算控制和预算评价这四个环节中。预算绩效宏观上对实现高校的改革发展目标起到推动作用，微观上有利于高校的正常运行，对高校的教学科研工作、后勤保障工作、行政管理工作都有着重要的意义。

在当今时代，提高资源利用效率、优化资源合理配置能够增加高校的竞争实力，进而推动高校的改革发展。高校在注重投入的同时也要重视产出情况，使经费的使用效益和经济效益达到最大化，这是预算管理工作的重点。

目前，高校的预算绩效评价体系还未完全建立。结合高校实际情况，遵循相关性、重要性、可比性、全面性原则，高校应将以下4个一级指标作为预算绩效评价指标，即教学绩效指标、科研绩效指标、财务绩效指标以及社会绩效指标。

在采用预算绩效评价指标对预算工作进行评价后，财务人员采取百分制形式对绩效评价产生的结果打分，并将分数分为4个等级：90～100分为优秀，80～89分为良好，60～79分为合格，0～59分为不合格。

2.严格实施预算管理奖惩机制

根据本年度预算完成情况和业务发展需求，高校在编制下年预算时，应调整预算分配，完善绩效目标，合理分配下年度预算资金，提高资金使用效率，使预算绩效管理不断完善。

高校在预算绩效评价的基础上，明确预算管理奖惩措施，参考其他相关院校奖惩机制，制定符合本校情况的预算管理奖惩机制。对于绩效评价打分在90～100分的优秀部门，应在全校范围内进行表扬，并在下一预算年度给予奖金鼓励；对于评分在80～89分的部门，首先鼓励其在预算执行中的努力，其次找出部门存在的问题并督促其解决改正；对评分在60～79分的部门发出警告，督促其提高绩效，以免被压缩资金；而评分低于59分即绩效评价不合格的部门会受到通报批评，并在下一预算年度内压缩其部门预算，以示惩罚，并对相关负责人员进行问责。绩效考评结果还可以作为学校内部干部调岗晋升的一项考核指标，例如，对所在部门预算绩效评价打分结果不合格的干部，暂缓其晋升申请。

3.健全高校预算绩效评价机制

进行绩效评估是为了让高校能够更好地进行预算管理，将每一项资源都最大化利用，提升高校总体的财务管理水平，其最终目的是支持高校持久化的发展。所以，绩效评估需要从客观角度进行，客观的评价体系是最重要的部分。高校是非营利性组织机构，但是这不意味着在预算管理评估的体系中，可以放宽对于资源最大化利用的要求。我们在进行绩效评估时需要考虑三个最重要的因素：一是指标的导向作用，这意味着每一个部门涉及的指标需要和部门自身的工作相关联，需要考虑部门的职责和未来发展。二是每一个部门在设计指标时，要注意关键指标的不同之处，不一样的部门进行不一样的量化，尽可能让每个部门的指标都公平公正。三是指标必须具有覆盖性和全面性。高校的运行是一种经济运行活动，而经济运行活动都需要全面覆盖性的指标去反馈具体情况。高校的主要任务无非是教学和科研，所以在进行预算评估时，不仅要考虑到教学相关的绩效，也需要考核高校的科研绩效。

（1）教学绩效指标

教学和科研是高校最重要的两项活动。在教学方面，高校要投入的资源可以涵盖建设教师队伍、完善教学设备等。这些资源的投入是为了给国家培养出优秀的人才。因此在评估高校的教学方面的绩效时，会从投产比的角度客观分析。

①投入指标。培养人才离不开优秀的教师，教师人数的多少与水平如何都与最终教学是否成功有着密不可分的关系。只有配备一流的教学团队和雄厚的师资力量，方能协助高校培养出更多国家需要的栋梁之材。如今，任何成本类资源的投入，最后都会以货币的形式反馈产出成果。高校在权衡综合性财务资源投入时，通常会采用生均事业费这一指标来呈现：生均事业费＝（教学支出＋科研支出＋后勤支出＋行政管理支出＋其他支出）/学生人数，此项公式可大致估算出学校的综合财力。在对财务资源投入做探究时，可以衡量以下几个因素的比重，分别是生均设备费用、教职工的人均所需经费和人员经费。学校如果想要将办学质量再提升一些，就要从硬件入手，所以，就要提高其生均设备指标。生均设备指标也有一个固定的公式：生均设备费＝（教学支出设备费＋后勤支出设备费＋行政管理设备费＋其他设备费支出）/学生人数。

再者，学校若想加强师资力量、提升教学水平，对于教职工人员的经费必须大力投入，其也有一个公式：教职工人均经费＝学校总经费/教职工人数。在总支出中，人员经费的总数额是需要被控制的，如果超出了控制范围，并且高校仍被归于同类院校之中没有大的进展的那一类高校，那么就意味着高校资金投入利用率过低。而针对物质资源这一领域，组织各项教学活动也离不开各种物资设备的支撑，而针对这部分开销所做的预算，即物质资源预算。物质资源的投入是为了保障教学流程的正常开展。

②产出指标。高校为一年的教学活动所做的投入应该有在教学成果方面的反

第四章　高校财务管理的创新

馈。众所周知，高校是一个培养人才的地方，所以我们可以基于其最终的人才培育成果，去衡量教学的投产比。

（2）科研绩效指标

如果要想提升高校的综合办学能力，就离不开科研的成就，所以高校在科研项目中投入越来越多的经费。但是，科研项目并不是短期内就可以看到成就的，如果科研一旦失败，那么投入的经费不会有任何回报。所以，我们要有更加客观科学的办法对科研方面的绩效做出评估。

①科研投入指标。科研方面的投入不仅包括人员、物质方面，而且也包括平台方面。这里也有公式可以协助计算：师均科研经费支出＝科研经费支出／（教学人员＋科研人员）。

②科研产出指标。高校的科研产出一般体现在论文、专利、著作等方面。每一次学科能力的显著提高、科学院院士数量的增加和科研成果的成功孵化都可以证明学校的科研成果和科研水平的进步。另外，科研的成果与教学相结合，可以提升教学质量；科研的成果与生活相结合，可以有收益回报。所以，科研的指标是可以被量化的。

4. 加强对财务预算绩效评价的重视程度

高校财务预算绩效管理工作具有较高的系统性、复杂性和专业性，需要全体工作人员相互协调、共同努力。高校实施财务预算绩效管理机制，必须加强相关人员对财务预算绩效评价的重视程度，同时加大对高端财务管理人员的培育力度，使他们更有效地贯彻执行相关决策。一方面，高校要采取多种方式加强财务预算绩效管理的宣传普及教育工作，广泛宣传绩效管理的相关内容，促使全体工作人员全面、充分地认识绩效管理工作，了解绩效管理的重要程度，明确自身职责，树立绩效管理观念；另一方面，高校应当加大人才的培养力度和各项投入，对相关专业技术人员进行财务预算绩效管理的培训、考核，不断提升相关人员的综合素质，创新绩效管理理念，为实施全面绩效管理夯实基础。

5. 构建科学完善的财务预算绩效评价体系

高校绩效管理的核心是建设财务预算绩效评价体系，建立科学、有效、与自身情况相匹配的绩效评价体系是绩效管理的重点。

第一，要明确财务预算管理工作中的责任主体。绩效管理工作是需要全体教职工共同参与、积极配合的工作，并非仅是财务部门和财务相关人员的工作。高校应当成立绩效管理工作领导小组，直接负责高校财务预算绩效管理工作，各学院及职能部门应作为成员,负责组织协调绩效管理的具体工作。

第二,建立绩效考核审计制度和预算执行监督制度。高校应对财务预算的执行程序、执行效率进行考核分析,保障预算编制和绩效目标的合理性,必要时可将绩效评价工作委托给第三方机构并形成书面报告。高校应综合利用评价结果,根据绩效评价报告完善绩效评价制度和问责整改机制,落实奖惩机制,提高财务预算绩效管理水平,形成计划、执行、评价、改善的良性循环。

(六)建立健全预算管理保障体系

预算管理效率的高低也受学校财务工作方方面面的影响。学校财务工作以内控为基础,以信息化技术为支撑,以规范管理、优化服务为目标,实现资金安全管理、业务流程优化管理、决策支持科学管理,不断降低业务风险,提升管理效率,提升学校整体绩效。

1.科学规范的内控体系

内部控制是学校各方面风险防范的免疫系统,是由经验管理转向科学管理的标志,是单位综合管理水平的体现。学校进行内部控制的总体思路为以"预算管理为主线、资金管控为核心、绩效管理为目标",通过不断完善管理制度、优化业务流程、落实信息化技术,实现对经济业务的科学规范管理。

2.以人为本的服务体系

学校不断创新"线下"服务,优化"线上"服务,全力打造一站式服务体系。线上服务包括大力推行网报、财务智能咨询、财务智能报账。线下服务包括财务专员制度、单据自动投递、定期培训宣讲。

学校财务部门精心打造财务信息化建设平台,大力推行"网上报账、线上预约、线下投递"的模式,"让信息多跑路、让老师少跑腿",极大提升了财务服务的便利性、时效性、清晰性。比如,财务智能咨询可以涵盖财务规章制度、报销指南、薪酬发放、学费缴纳、科研经费业务等;智能报账系统可以让教师通过手机等移动终端足不出户完成报账工作。

学校财务部门延伸服务触角,建立和完善面向一线服务的财务专员制度。近年来,学校财务部门陆续派出一定数量的兼职财务专员和专职财务专员进入学院,为院系提供一站式、全方位专属财务服务。

3.业财融合的创新体系

业财融合的创新体系必须以系统化思维、全流程理念整合经济业务管理各环节，使财务与业务完美融合。目前，学校财务信息化经过"打基础、搭架构、建体系"的阶段，逐步实现了师生用户与财务系统、各财务子系统之间、财务系统与业务系统、外部关联方与财务系统的网络连接。

（1）财务系统间的连接

预算系统、核算系统和决算系统之间实现了网络连接，不仅大大提高了财务信息内部传递的效率和准确性，而且形成了闭环式的预算管理系统，提升了预算管理效能和水平。从预算申报及下达，到预算控制及核算管理，再到年末决算及决策分析，最后回到预算评价与绩效管理，财务系统的预算、核算和决策分析模块之间形成了完整的财务信息化闭环连接。

（2）财务系统与业务系统连接

学校应该进行全面预算管理系统建设，以项目库基础，通过与建设项目管理系统、资产管理系统以及其他各类业务系统对接，实现预算编审、预算指标下达、采购管理、合同管理、支出管理的流程连接，实现预算全过程管理，打破"信息孤岛"，实现信息实时共享，从而为管理决策提供数据支持。

（七）优化预算管理风险防控机制

1. 预算编制过程中的风险防控机制

（1）严格预算编制材料要求

高校应建立预算管理考核机制，对预算编制过程和预算执行效果两方面进行考核。预算编制过程主要考核预算编制的及时性、规范性和准确性，预算执行效果主要考核预算执行、预算调整、资金结转结余、预算绩效等方面。强调预算相关工作不仅是高校财务部门的工作，也是高校全体部门的工作，高校领导和相关职能部门、学院（中心）要对预算的编制负责，对预算编制材料严格要求，探索建立向单位非财务部门传导压力的机制。

（2）重视预算编制材料审核

在校内成立预算审核小组，由相关部门领导和工作人员组成，对校内各单位预算编制材料的完整性、科学性、合理性进行审核，主要审核其是否与学校整体事业规划和各单位的年度工作任务相结合、申请项目是否能产生应有的绩效、经费支出预算是否合理等。在必要情况下，还可以引入第三方机构，对预算编制材料进行审核，弥补内部审核的不足，提高审核的公正性、科学性。对于不符合要求的预算编制材料，要求各单位进行调整和修改；对于不具备实施条件的项目，不予批准。

2. 预算调整过程中的风险防控机制

（1）严格预算调整的申请审批流程

根据学校的资金规模和重要性原则，针对不同金额的预算调整设定不同的审批流程，调整金额越大，审批流程越多。高校要尽量减少各单位的预算调整次数，维护预算的严肃性。对于申请增加经费的单位或项目，还需要由校内审计部门或校外机构对其进行审计，主要审核其已使用经费的合理性和增加预算经费的必要性。对于在预算经费内调整支出预算项的单位，由相关单位审核其合理性和科学性。

（2）设定预算调整考核机制

为了减少追加预算和预算调整的随意性，可以探索设定预算调整考核机制。对于年度内预算调整频繁的单位，应加强其下年度预算申报材料的审核，要求其更加科学合理地编制年度预算；对连续三年预算调整频繁的单位在校内进行通报，并考虑压减其下年度的预算额度。

3. 预算执行过程的风险防控机制

（1）完善财务报销的自查自纠机制

在高校财务部门内部建立和完善审核、复核及稽核三级联动自查自纠工作长效机制，明确审核、复核及稽核工作责任。审核是第一道关卡，负责初审报销手续；复核是第二道关卡，负责复审报销手续；稽核是第三道关卡，负责对报销手续进行最终的抽查。对于发现的问题要建立问题库；整改做到严查即改、即知即改，实行财务管理自查自纠常态化。

（2）探索引入财务大数据监管平台

由于高校财务报销涉及的工作内容多、数据量大，许多财务报销风险只靠人力很难规避，特别是在关联企业交易、发票拆分报销等方面极难识别。通过引入大数据监管平台，采集高校内部的财务、人事、合同、资产、预算、决算、项目等数据和高校外部的工商信息、税务信息、政府采购数据、公安系统数据等，对财务预算、财务核算等财务事务进行事中和事后监控，快速准确地对疑似问题进行预警，切实提升高校的财务监管水平。

（3）加强内部审计和外部审计

在高校内部切实发挥审计部门的作用，对预算执行的全过程进行定期或不定期的审计，同时，强化外部审计监督，聘请会计师事务所等机构定期对高校预算工作进行审计，及时发现问题，提出整改意见，对于预算执行过程中的违规事件，还可以申请高校纪检部门的介入，一经查实绝不姑息。

（八）高校预算管理其他方面的优化

现阶段高校对待预算管理工作还不够重视，存在人员投入不足、部门参与度不够、业务能力不强、制度不完善、管理理念落后等问题。高校应该响应政府号召，加强预算管理工作，优化预算管理人员的配置，提升他们的业务水平，提高各部门预算管理工作的参与度，完善相关制度建设，树立正确的预算管理理念，为预算管理工作的顺利实施奠定坚实的基础。

1. 增加预算管理的人员投入

高校对预算管理工作的重视程度不够，从计划财务处到各学院、各职能部门，针对预算管理分配的人员明显不足，难以实现对预算工作的全过程管理。为了改进预算管理工作，高校需要加大对相关业务人员的投入，使学校各部门都参与到预算的管理工作中，提高工作的配合度，降低工作的实施难度，保证预算工作的精细化管理。

在高校组建预算管理工作组，由校长办公室领导担任主管领导，负责对各项预算工作的审批；由计划财务处、审计处、发展规划处三个处室的主管校领导、部门负责人以及从事预算管理工作的业务人员成立预算编制工作小组、预算执行与控制工作小组、预算调整工作小组以及预算绩效评价工作小组，负责管理预算工作的全流程；由计划财务处的计划管理科作为预算资料的处理中心，负责对接各学院以及职能部门的预算工作，收集整理各项预算数据，并反馈给上一级的工作小组；由各学院、各职能部门从事预算工作的相关人员成立各自的预算管理小分队，负责本学院、本部门的预算管理工作，积极配合计划管理科，高效完成学校要求的各项预算管理工作任务。

2. 加强预算管理的培训学习

高校的预算管理工作不仅需要充足的人力支持，还要加强对相关人员预算管理相关业务的培训，努力提升工作人员的业务能力。在高校成立预算工作学习小组，组长由计划财务处担任，小组成员由所有学院和职能部门组成。计划财务处作为预算管理的核心部门，负责预算的编制、执行、控制、调整、绩效评价等工作，是主管部门和学校的连接者。

培训活动由计划财务处组织进行，主要包括以下四个方面：一是对预算管理制度以及相关文件的学习。高校内部的预算管理制度主要由计划财务处联合审计处制定，计划财务处对制度内容有着深入的理解，在组内进行制度讲解，可以规范小组成员的预算管理活动，做到事前风险规避。二是传达上级主管部门的相关政策和通知。上级主管部门会将预算管理相关工作政策和通知下达给高校计划财务处，计划财务处再传达给各部门，并组织对政策文件进行学习，保证高校响应政府相关政策，严格规范预算管理工作，同时将主管部门发布的预算工作任务的通知及时传达给学校各经办部门，保证工作的顺利完成。三是对预算管理各项具体工作的学习。可以由高校计划管理科具体的业务经办人员对预算管理过程中的具体操作进行讲解，由财务处长对相关问题进行答疑解惑；也可以聘请高校预算管理方面的专家开展培训活动，增强预算管理人员的业务能力。四是与其他高校进行预算管理工作的交流学习。省内高校在预算管理工作中存在一定的共性，高校可以通过分享交流，学习其他学校在预算管理工作中的好方法，以及对共性问题较好的解决策略等，从而改进其存在的不足，完善预算管理工作。

3. 树立正确的预算管理理念

高校的主要职责是发展教育事业，教师是高校发展的第一生产力。从本质上讲，为实现教育事业的快速发展，高校的财务以及其他行政工作都是为教学人员开展教育活动提供服务的，所以高校财务人员在预算管理过程中，必须转变传统的管理理念，充分采取"放管服"的管理理念。

首先是适度放权。对于高校校内预算的编制，要充分交由各部门、学院自行开展，便于结合实际发展的需要进行资金安排；对于教育事业费和科研经费预算的执行，主要由各部门、学院的负责人以及分管校领导审批执行，避免因财务人员不了解经费执行过程中的具体情况而影响预算执行进度。其次是放管结合。高校财务处要在适度放权的基础上，对预算管理活动进行全方位的监督管理，确保预算管理工作的有效开展。最后是优化服务。高校财务人员应增强服务意识，改善服务态度。在预算管理过程中，财务人员对待各部门、学院的办事人员要积极热心，主动提供服务工作，对预算管理过程中出现的问题要耐心处理，提高财务部门的服务质量和办事效率，加强与各部门、各学院的沟通交流，实现全员参与预算管理活动，从而全面提高高校的预算管理水平。

第四节　高校会计人员管理的创新

一、高校会计人员的素质要求

财务工作涉及面广、内容丰富，是一项极其重要的经济管理工作，在高校管理中占据着举足轻重的地位，因此要求会计人员必须具备特定的素质。

第四章　高校财务管理的创新

（一）职业素质

高校会计人员须具备的最重要的能力就是职业素质，具体包括以下能力。

1. 业务能力

高校财务管理工作的涉及面广、工作复杂，而且还需要面向全校全体师生。因此，会计人员需要具备较高的业务水平，包括财务状况的分析、财务制度的建立、计算机信息技术的使用以及良好的外语水平等方面的能力。

2. 记忆能力

高校财务管理工作涉及大量的方针政策、法律法规和各种业务流程，这些需要会计人员牢记在心，保证财务管理工作的效率和质量。

3. 鉴别能力

高校财务管理工作需要处理各种财务凭证。会计人员只有具备鉴别能力，才能提高凭证处理的工作效率。

4. 协作能力

协作能力主要是指组织和协调的能力以及沟通及合作的能力。为高效展开财务管理工作，高校会计人员需要能够很好地与高校内部其他职能部门，领导、教师和学生，以及高校外部的银行及税务局等相关财务机构沟通交流，确保高校财务及各部门工作的有序开展。

5. 创新能力

高校财务管理工作须紧跟时事及高校发展的政策，这需要会计人员不断学习及掌握新知识与新技术，并能很好地运用到财务管理工作中。

（二）道德素质

高校会计人员的思想道德素质是指共产主义信念坚定，能够全面贯彻党和国家的路线、方针、政策和法规，具备准确理解问题和分析问题的能力，能够不断提高自身的思想道德修养。高校会计人员在财务管理工作中需要面临巨大的财务数额。因此，他们既要传承及发扬传统道德观念，又要吸收和借鉴社会主义道德建设的成果，坚定自身职业道德信念，确保财务管理政策得到真正的执行与落实。

（三）人文素质

高校会计人员与其他会计人员的工作背景有一定的区别，因为高校是高级知识分子云集之地，人文气息浓厚。因此，作为一名高校会计人员，也应当严格要求自己，加强知识储备，不断提高自身知识水平和人文素养，为更好地建设高水平的高校贡献一份力量。

二、高校会计人员面临的挑战

（一）会计信息化的变革

会计信息化建设为财会工作的开展提供了便捷，诸多财务软件系统让整体财务工作变得更加高效。但如果高校的财务信息数据被恶意改写或泄漏，将给高校带来巨大损失。因此，高校会计人员不仅要学会适应信息化操作系统，而且还要时刻紧绷网络信息安全的弦。另外，高校会计人员不能过分依赖高校财务软件得出的结果，要具备职业判断力，必要时要验证数据的勾稽关系。

（二）科研经费投入的增加

高等教育肩负着推进科学发展、科技创新的职责，高校科研创新水平是其可持续发展和内涵式发展的重要保障。在高校诸多经费中，科研经费在教育事业发展过程中发挥着显著作用。随着我国对自主创新能力重视程度的提高，"卡脖子"问题亟须解决。高校需要管理的科研经费项目金额大、数目多，如何完成精细化管理，让科研经费收入核算得到最准确、最真实的反映，是高校会计人员面临的一项挑战。

（三）会计税法相关法律法规的变化

会计税法相关法律法规会根据社会发展的需要适时地做出修改。另外，企业会计准则每年都会发生改变，高校基本都有附属的二级单位采用企业会计准则，因此，了解学习企业会计准则也是高校会计人员的必修课。作为高校财会工作人员，必须随时更新自身知识库，做好学习新法律法规的准备。

（四）高校生源扩招，资金需求旺盛

近年来，随着我国教育规模的不断扩大，高等教育经费规模也越来越大，资金需求旺盛，需要合理预算、分配教育经费使用。当财政拨款不能够满足学校发展时，学校需要通过扩大贷款规模来寻求发展。因为贷款到期需偿付本金利息，所以学校需要合理测算资金使用情况，避免发生不能偿付本金利息的财务风险。

基于此，高校经济管理活动十分重要，而财务管理是高校经济管理活动的核心。高校会计人员在日常工作中，需要将财务会计思维转变为管理会计思维，顺应新时代的发展。

三、高校会计人员存在的问题

由于高校财务管理部门事务多且操作复杂，相关培训必须充分了解目前高校内部财务管理状况，从实际出发，对症下药，才能将改革落到实处。而就目前的情况而言，部分高校会计人员的专业素质仍存在一些问题。

（一）专业知识陈旧

财务工作是专业性比较强的工作，会计人员应当具备财会专业背景、必要的知识储备及职业素养。近年来，虽然高校会计人员无论是理论知识，还是专业技能，都从整体上有了很大的提高，但仍然存在一些会计人员学历结构不合理、知识结构不匹配、业务水平参差不齐等现象。主要表现为一些会计人员仅仅局限于本专业的知识，对法律法规、信息化技术及管理学等方面的知识涉猎不足，制约了他们综合能力的提高。一些会计人员仍然停留在只会记账、算账，不具备完整、系统的会计理论与财务知识，限制了他们综合素质的发展。还有一些会计人员仅专注于日常财务管理工作，忽视了财经制度、会计准则的更新变化，使得会计人员的专业知识跟不上高校发展的需要。此外，部分高校会计人员仍然停留在传统的收支型管理方式上，缺乏对财务核算知识与风险知识的掌握及运用，面对新问题时仍习惯于凭老经验办事，不愿钻研新业务。

（二）信息化能力较弱

教育改革的推进是高校创新与进步的动力，高校需要抓住时机，审视学校内部发展困局，一并整改。而高校的改革离不开财务管理部门的支持，因此，财务管理应对学校的投入资金进行有效控制及妥善管理，以方便学校日后的资金流动与使用，助力学校未来发展。因此，高校财务管理部门需要专业的信息化人才，致力于学校财务的信息化处理，以弥补一些学校信息化技术供求不足的现状。目前，很多高校并没有这样的专业人才，相关会计人员对于资金的整合并没有明确的认识与理解，只是将手头工作完成，缺乏科学规划未来的眼光。因此，在这方面也存在着诸多问题需要解决。

(三)层次结构不合理

在高校历史发展过程中,重教学、轻管理的现象比较严重,财务部门在人才引进和培养方面相对于教学部门来说机会少、力度弱,人员知识更新慢、年龄老化严重,人才层次结构不合理。现代高校的快速扩张使得财务部门业务量激增,会计人员需要加班加点处理日常业务,无暇接受新知识,日积月累导致会计人员的专业知识已跟不上时代的步伐。

(四)管理能力有待加强

高校的财务部门虽然是一个发挥重要职能的关键部门,但其会计人员的专业素质水平也存在不平衡、不充分的现象。伴随着各大高校办学方式的创新,对于高校会计人员的职责要求也有了更加严格的标准,高校的会计人员需要紧跟时代发展的要求,努力提升自我素质,提高管理能力和专业素质。

而目前的高校会计人员有很多都是资格较老、工作经验较为丰富的老一辈管理人员,其专业知识水平受到当时教育的局限,因此不能够适应如今高校对于会计人员提出的最新要求。再加上信息化时代的大背景,会计人员也需要具备必要的创新与开放意识,在发挥职能的工作中,兼顾学校的可持续发展以及后续的创新教育目标,而一些会计人员受到传统管理模式的思想禁锢,难以脱离原有的框架进行创新,在如今高标准的社会教育准则之下存在一定的局限性,这在一定程度上将会对高校未来的发展埋下隐患。因此,高校针对会计人员的专业知识及创新素养培训已经迫在眉睫。

(五)对政策、制度了解欠缺

政策培训不全面、不深入,培训内容注重理论学习而轻实操,同行交流少,会计人员在具体账务处理时问题较多,面对问题时束手无策;同时,新的政府会计制度在一定程度上加大了会计人员的工作量和工作难度,尤其是新政府会计制度中的"双基础、双分录、双报告"及平行记账模式对经济活动核算提出了更高要求,财务处理过程愈加复杂,这些都对会计人员的业务水平提出了更高的要求。

(六)服务意识和团队协作精神欠缺

目前,高校内部各部门依然缺乏团结一致、共同进步的积极心态,各部门内部也存在相应问题。财务管理部门处在学校管理部门的核心地位,管理学校的财务发展状况,更加应当具备强烈的团结合作意识和服务精神。因为财务管理烦琐复杂,操作工序需要很多工作人员一起来完成,因此团结意识就显得尤为重要。而目前会计人员存在自扫门前雪的现象,这不仅会影响高校内部财务管理,更会给高校各个工作部门的管理带来不好的影响。因此,高校需要针对各部员工的团队意识及服务意识进行针对性培养,以打造和谐高效的工作环境,助力高校可持续发展。

(七) 工作强度较大,心理负担过重

随着高校教育事业的发展,高校会计人员的财务管理工作强度也在逐年增加。会计人员在学校内部需要处理日常烦琐的财务工作,在学校外部还要处理与银行、税务局等财务相关机构的工作。而且会计人员配备相对紧缺、工作负荷较重、工作强度较大,导致他们出现自我价值认知不足和社会价值定位不准等问题,心理负担过重。

(八) 现有财务信息化体系无法满足工作需要

就目前而言,虽然各大高校已经陆续开展了针对高校会计人员的相关培训,也积极引进了先进的技术和设备加以支持,但其投入力度以及发展程度还较为稚嫩,远远无法满足针对财务人员培训的标准。目前,高校现有的财务信息化体系依然无法满足当前的工作需要,这也极大地影响了会计人员的管理工作。例如,目前大多数高校的财务信息化水平还仅仅停留在会计电算化的发展水平,更加深层的设计与规划并没有在相关培训中体现出来。虽然针对学校内部的财务管理,有些高校已经投入了一些人力和财力,但并没有突破新一层更加先进的水平,使财务管理信息化建设处于发展缓慢阶段。

因此,针对财务管理信息化的建设工作,高校也应当努力进行改良,适当加大资金投入,为高校财务管理提供相对科学且先进的工作条件。

四、高校会计人员管理创新的措施

高校会计人员应该努力提升自我专业技术水平,努力培养自身服务意识、团队合作意识,为高校财务管理部门营造健康良好的工作氛围,推动高校财务工作有序展开,进一步促进高校教育改革的深入发展。具体改革措施有以下几点。

（一）个体层面

1. 培养个人支持系统

（1）情绪支持系统

相关研究表明，适当的运动除了有利于身体健康，对心理健康也很重要，可以稳定情绪和缓解压力，减少患病风险。另外，培养相应的兴趣爱好在丰富生活的同时也可以缓解压力，使人们变得更加积极。研究表明，通过读书、写日记、写作等可以有效地抒发不良情绪。

（2）社会支持系统

与他人建立亲密良好的关系可以为应对压力提供重要的帮助。研究发现，拥有亲密关系的人会更健康和有士气，因此花些时间和精力发展、维持及拓展自己的社会支持网络，可以帮助人们更好地应对职业压力和倦怠。

2. 加强职业道德教育

良好的思想政治素质是高校会计人员适应岗位需求，做好财务工作的前提。激发会计人员上进是实现高校财务队伍建设目标的关键。

高校应通过多种形式及渠道，加强对会计人员的职业道德教育。譬如，高校可以定期地针对会计人员组织有关会计职业道德、财务法律法规等相关知识的培训，强化他们的法治观念和风险意识。开展政治学习和专题讲座，加强廉洁自律的警示教育，有效预防会计人员的违法犯罪行为。纪委及审计等相关监管部门需做好事前控制，强化会计人员的思想观念。在财务信息共享时，强化会计人员的风险意识，加强开发与维护财务信息系统，对财务信息的储存、保管及安全等方面严加控制，谨防与遏制财务数据被篡改等财务风险的出现，从而培养高校会计人员诚信自律、坚持原则、爱岗敬业的精神，自觉抵制各种利益诱惑，严守机密，依法履行岗位职责，自觉维护高校的利益。

3. 内外兼修，提高综合素养

（1）加强业务技能锤炼

高校会计人员必须全面学习，不断完善和补充专业知识。除了考取会计相关的高含金量的资格证书外，考虑到会计存在法律风险，还可以考虑考取律师职业资格证，为自己构筑坚实保障。除此之外，不要停止学习，及时总结，持续改进自己的工作，让自己的技能更娴熟，工作效率更高，也让工作变得有新意。

（2）学会利用制度来为自己护航

高校会计人员要全面掌握制度，并善于利用制度来保护自己，降低自己的职业风险。

4. 主动向决策者的角色拓展

在智能时代背景下，财务工作从核算型向管理型进而向战略型财务拓展，管理参谋和战略助手在高校财务管理工作中发挥着更为重要的作用。当前，在高校财务管理工作实践中，多元化的智能技术得到了有效运用，传统的人工核算等工作逐渐被智能技术所替代，使得高校财务管理工作不再局限于会计核算中，而是提高到管理决策等层面，即通过对财务数据进行深入挖掘和科学分析，找出高校管理和发展中的优劣之处，进而为高校做出正确的决策提供关键性作用。这必然会推动高校会计人员向决策者的角色主动靠拢，要求会计人员具备全方位的综合实力，除了专业能力和实践技能外，还需要提升多方位软技能，掌握包括但不局限于战略思维能力、逻辑分析能力、沟通协调能力、解决问题能力、团队领导能力等，不断提高自身参与财务工作的主动性和积极性，从而有效参与到管理决策中。

5. 学会时间管理和精力管理

人的力量是有限度的，时间过长或压力过大都会使人变得筋疲力尽甚至崩溃。越是压力大，越需要劳逸结合，避免长时间持续工作，在过度劳累之前暂时停下来休息，让自己在较短的时间内有效恢复体力。

（二）组织层面

1. 加强业务轮岗

高校会计人员存在较少的业务轮岗现象。每个岗位都有自身的特殊性，岗位职责不一样，工作内容和方法也会存在很大的区别。例如，负责前台报账的员工一般不会调到后台从事工资计税、预算等岗位的工作，而后台的员工也较少调到前台岗位，导致会计人员易形成固有的工作方式和工作流程，懒于思考，疏于探索新的工作方法；同时，还会割裂前台与后台的联系，不利于探讨业务和创新工作模式。如果实行定期轮岗，尤其是前台会计与后台会计的轮岗，能够加强同事之间的同理心，促使他们创新工作方法，也有助于会计人员打通整个财务业务链，熟悉高校财务的各个环节。

2. 营造良好的工作环境

工欲善其事，必先利其器。对于财务管理工作来讲，高效的办公软件设备以及行之有效的会计信息系统或体系可以达到事半功倍的效果，极大地提高会计人员的工作效率和工作质量。

3. 建立绩效考核体系

通过建立绩效考核体系，能够让高校会计人员清晰地了解自己一年来的工作完成情况、同事领导的认可度、对单位的贡献度等各方面的表现。同时，会计人员不仅可以客观地看到自己的工作成绩，发现自身不足，还能明确未来努力的方向，有助于拓展新的工作思路，尽可能地发挥主观能动性。绩效考核体系不是简单的等级划分，高校应建立公平、合理、有效的绩效考核体系，结合实际情况和财务工作情况，设置合理的奖惩机制，将考核结果与薪酬计划、奖励措施联系起来，如设置师生满意度、工作差错率、制单复核及时性等指标，减少高校会计人员在工作中出现差错的可能性，进而在提升工作效率的同时提升其工作能力。只有这样，才能真正建立公平、合理、有效的绩效考核体系，达到实行绩效管理的最终目的。

4. 加强沟通，强化团队建设

有研究表明，工作中 70% 的错误是由于沟通不善造成的，尤其是在当前时代背景下的高校财务管理工作中，一个人要完成某个财务流程的全部工作是不可能的，往往需要许多同事进行交流合作，才能高效、完美地完成。有效的沟通能使成员感到亲切、愉快，能加强成员间的了解、化解误会、消除疑虑，因此，良好的沟通能够使会计人员认清当前形势，使财务决策和财务管理更加有理、有序、有效。

处理当前高校复杂的财务问题必须运用团队的集体智慧与能力，充分运用团队的合力、效率、综合技能。因此，要以改善内部流程为推手，以财务绩效为基准，不断提高团队成员的学习成长，建立一支精干、高效的财务团队，为高校各项事业的发展提供更大的动力。

5. 提供培训机会，定期交流

在新时代背景下，政府会计制度改革对每一个高校会计人员来说都是全新的业务考验。因此，高校财务部门更应重视对会计人员的培训工作，定期组织会计人员集中学习财务法规和财务制度，鼓励会计人员在学习时互相交流心得，分享自己本职岗位工作的要点和注意事项，互相交流学习。

另外，财务部门还应组织会计人员参加当地教育会计学会和其他机构组织的会计专业培训，提升会计人员的专业水平；同时可以充分利用高校的人脉资源，加强与兄弟院校的紧密联系，多与兄弟院校的会计人员交流分享。

6. 强化高校财务信息化体系

目前，大多数高校对于财务管理工作的信息化研究并不重视，相应的资金投入和基础设施建设也十分紧缺，针对目前这种情况，高校除了要加强对会计人员信息化处理能力的培训和提升，还要从根本上解决学校财务信息化资金以及设备短缺的问题。有了新的技术和设施，财务处理的效率才能够有效提升，也会在一定程度上增强会计人员的业务能力，激发员工的创新意识，为高校财务运转提供科学有效的数据分析，进一步为高效财务运转提供保障和支撑。

7. 重塑会计人员的工作内容

在智能时代，高校财务管理工作内容逐渐从传统的记账、核算等工作转变为数据管理、分析等工作，工作方式、方法随工作内容而改变，极大地减轻了高校会计人员的工作量和工作压力，因此，会计人员不必成天忙于数据处理、信息核对、编制报表等低效、重复的工作内容。

在传统财务工作减少的同时，高校会计人员通过运用智能技术，对学校资金状况、内控管理、运营效率等方面有了深入的认识，并将这类资源有效运用到财务管理工作中，提升财务数据采集、整合、分析、管理和决策的科学性和全面性。会计人员与学校各职能部门、院系紧密配合，更多地参与高校业务的运作和决策，站在全局的角度从财务观点提出建议和意见，把高校财务管理工作的重心提升到综合性的财务管理和战略管理上，实现高校财务状况和结果的最优化，提高学校资源的使用效果和整体效益。

8. 强化数据安全的风险防范意识

数据在智能财务中是高校的重要资源和生产要素，会计人员日常接触学校数字化信息、资金资源，需要树立和加强对数据安全的风险防范意识，形成内网隔离观念，并采取相应的保护措施，避免高校财务数据被窃取或攻击。会计人员在日常工作中需对系统进行实时监控，及时发现问题并解决；同时，会计人员在处理日常各项财务数据信息时，必须严格按照相关工作制度和流程进行操作，出现问题时采用应急保障机制进行处理，避免由于个人违规或操作失误而导致数据信息泄露等问题的出现，最大限度地确保高校财务数据信息的安全性。

9. 加强对会计人员的管理能力培训

第一，各大高校财务管理部门应该定期开展各种业务研讨会议，针对学校现有的财务问题进行总结归纳，集思广益之后提出解决问题的方法；同时，要将一些可能会出现的财务问题及时发现并纠正过来，以防止在未来为学校留下资金上的隐患。

第二，学校应该针对会计人员的业务能力以及专业素质能力进行高标准培训，包括各个工序的操作流程、基础的财务知识、经验性的业务能力培训等。除此之外，高校可以通过开展各类讲座、各种课程来开阔会计人员的眼界，促进财务部门进步。

因此，学校可以引进一些创新的授课方式，如团队合作方式、学习实践方式等，通过实践活动使会计人员在学习之后将所学知识应用到实践工作中，这是培训的根本目的。

10. 培养会计人员的服务心态与团结意识

高校财务管理的目的是通过资金来培养高素质人才，因此，会计人员应该将为培养人才服务作为工作的出发点。财务是人才学习和科研的重要保障，因此，高校会计人员应该时刻关注学生的需求，培养自身的服务意识。高校会计人员并不等同于教师，其职能定位是服务学校与学生，因此，财务部各个工作人员应该准确认识到自我的工作定位，科学把握自身工作要领，积极调整工作态度，为学生和学校提供更加完善和先进的服务。

第五章　高校财务风险控制及预警体系构建

随着我国高等教育体制的改革和各高校的扩张发展，高校财务风险日益增大。要促进高校持续平稳发展，推进新时期教育改革体制的进行，需要构建新时期高校财务风险控制及预警体系。

第一节　高校财务风险概述

一、财务风险概述

（一）财务风险的概念

狭义观点认为，财务风险是指由于企业过度举债，债务到期后无法偿还本金和利息而引发的财务危机。负债经营具有两面性：一方面，借款可以给企业输入新鲜的血液，能够为企业扩大经营规模、加快发展提供资金保障；另一方面，借款的本息偿还的固定性也给企业带来了巨大的偿还压力。如果企业能有效利用负债经营，合理控制负债规模，会给企业发展带来较大帮助；反之，会无力偿还本金，引发财务危机。

广义观点认为，财务风险是指由于企业无法全面地把握经营环境的变化，在生产经营过程中存在不可准确预测的影响因素，使企业最终获得的收益低于预期值，面临发生损失的可能。财务风险存在于企业的全部经营过程中，应从整体角度全面考虑可能发生的财务风险。

（二）财务风险的特征

1. 客观性

财务风险客观存在于生产经营过程中，不会随着人的想法的变化而变化。财务风险不会被消灭，只能采取有效的防范和控制措施来避免损失。

2. 不确定性

由于经营环境时刻在变化，人们不能确定财务风险是否会发生，也不能准确判断财务风险会在经营管理的哪个阶段发生，无法准确掌握财务风险给企业造成损失的程度。

3. 可控性

财务风险具有一定的规律，通过研究影响财务风险的各类因素，运用技术分析手段，能够有效识别出这种规律，从而将其用于评价财务风险的程度，预测财务风险带来的损失，并且运用有效的控制措施避免损失的发生。

4. 多样性

在经营管理过程中，有很多不同的因素会导致财务风险发生，因而财务风险具有多种多样的表现形式。随着经营环境的不断变化，导致财务风险发生的因素也会发生变化，财务风险的形式也会发生相应的变化。在经营管理过程的不同阶段，也会产生不同的财务风险。

5. 双重性

由于财务风险的存在，企业面临发生损失的可能性。但同时，风险与收益呈正比，当企业面临着较高的财务风险时，企业所获得的收益也相对比较高。

(三) 财务风险理论基础

1. 风险管理理论

风险管理的含义是风险管理的主体使用有关管理风险的策略与方法来对应对企业的风险，将由风险产生的不利影响降到最低。

风险管理主要是对不同时期产生的风险采用不同的方法进行控制和处理。风险管理的主要目的是在事前时使事故发生的可能性降到最低，在事中时尽量将损失减到最少，在事后时尽最大可能进行弥补。一般认为，风险管理主要由风险规划、风险识别、风险分析、风险处理、风险监控这五个方面组成。

风险规划是指在企业建立风险管理体系时，需要制定好风险控制的目标，确定风险管理人员的角色和负责的内容，并且要明确风险可能会出现的概率与范围。工作人员在进行风险规划时需要依据不同的因素来制订相应的风险方案、报告，并将其规范化，整理成文档，建立有关风险管理的数据库。风险识别时，需要将风险的起源分析清楚，了解产生风险的因素，对这些因素进行分类、识别和

第五章　高校财务风险控制及预警体系构建

量化处理，理性分析风险潜在的不确定性。风险分析时，利用定量与定性的分析方法，重点分析风险发生时涉及的范围、风险发生的概率、发生时的严重性与持续时间的长短，并对风险的起源、涉及的范围、重要性程度进行排列。风险处理时，按照指标确定风险的等级与危险程度，采取相应的控制措施对风险进行处理。风险监控时，需要对风险识别、风险分析、风险评价、风险处理的整个过程进行监控，要着重对风险管理的对策与所呈现的治理效果进行分析，尽可能地将风险控制的计划细化，尽早发现风险管理过程的缺陷，及时改正，重新制订适合的风险管理方案。

2. 内部控制理论

内部控制最早是由国外学者提出的，它是指企业处于稳定的环境下，对组织内部经营活动进行监督、制约、预算等程序化和方法化管理，充分利用内部资源，以提高经营效果，实现公司的管理目标。过去内部控制涵盖范围比较狭窄，主要指通过不兼容岗位的分离、对会计的监督等措施防止企业资产受损，随着研究的不断深入，其涵盖内容也更加丰富，如流程管理、预算管理等，将内部控制与企业管理目标建立联系。其目标与公司战略的一致性决定了内部控制的重要性，因此，内部控制的有效执行决定了企业达到既定管理目标的质量。虽然内控缺失的企业经营效果不一定差，但是拥有完善内控措施的企业可以有效降低可控风险。

国际上对内部控制框架进行了制定，其公认的内部控制系统包括控制环境、风险评估、内控活动、信息传递与沟通以及监督五要素。我国根据以上五要素制定了《企业内部控制基本规范》，主要包括以下要素。

第一，内部环境。内控控制的前提就是要在一定的环境下进行，这里的环境指内部环境，它是内部控制的基础，主要包括企业文化、机构设置及责任分配、内部审计、人力资源政策、法律环境等。

第二，风险评估。企业经营过程中收益与风险共存，所谓风险评估就是指企业应该明确自身的管理目标，根据企业自身承受能力识别并评估影响目标实现的内部风险和外部风险，如由外部经营环境恶化带来的危机、国家导向变化产生的政策性风险等，从风险规避、风险降低、风险分担、风险承受四个方面采取控制措施对风险进行应对，但是进行风险应对时，应该考虑成本效益原则和可实施性，不能按照理想状态盲目制定应对措施。

第三，控制活动。所谓控制活动就是指为了控制风险而做出的行为，包括制定规则、完善程序等，通过预防性措施（权责分离、预算管理等）及检查性措施（资产清查）防止出现严重问题，保障企业实际运营和既定管理目标的一致性。

第四，信息传递与沟通。所谓信息传递与沟通就是指在企业各部门之间以及企业与外部之间要进行信息传递与沟通。良好的信息传递与沟通不仅有利于提升企业的运营效率，而且还可以防止因信息断层而导致的舞弊事件。对于信息的传递，需要注意信息的有效性和及时性，防止人为干扰。

第五，内部监督。内部监督是指企业对内部控制实施的有效性进行检查，从而发现内控的不足之处。通常内部监督由专门部门实施，分为日常检查和专项检查。对于日常检查发现的严重问题，需要采取专项检查进一步确认。

（四）财务风险评价

1. 财务风险评价的含义

财务风险评价是指采用特定的计算方法，如数理统计、逻辑运算等，再搜集汇总财务数据、指标、模型等定量指标，通过具体数值来衡量公司财务风险发生的可能性，并以等级的形式对财务风险的可能性大小做出直观的评价。财务风险评价可以帮助财务管理人员更加方便地观察财务风险大小，让财务报表数据浅显易懂，协助管理人员随时掌握企业的财务风险动态，并根据评定等级制定出符合企业发展规律的财务管理措施，以防范企业风险。

2. 财务风险评价的方法

财务风险评价方法有很多不同的类型，可具体归纳为五种形式：情境分析法、压力测试法、风险度量分析法、层次分析法和功效系数法。

（1）情境分析法

情境分析法通过情境模拟，在融入企业主体核心优势的前提下进行分析计算，比较不同外部环境对企业市场发展状况的影响，以预测企业未来的业务领域方向和发展前景，对于帮助企业管理者制订长期的战略计划、提高管理层的战略意识和提升公司可持续发展的市场适应能力具有重要意义。

（2）压力测试法

压力测试法多应用于大型国际金融机构。当财务风险指标受某些因素的影响发生变化时，企业的正常经营会受到风险事件的影响，这势必会造成一定的财务亏损。

在压力测试中，企业应首先选择压力指数和风险交换因子，然后设计不同级别的风险影响因素，在不同程度的指标作用下观察企业在压力承受下的变化情况，对企业的抗压能力进行定性和定量分析，最终完成企业压力测试报告。

（3）风险度量分析法

通过计算和分析主要财务风险指标的比率、各种因素的影响概率等衡量风险的大小以及爆发的可能性，利用逻辑运算得出方差和标准差。指标的离散分布越高，则公司的财务风险越低。这种分析方法不仅可以对单个证券投资进行评估，而且还能对证券投资组合进行度量。通过计算、计量和概率分析，证明公司财务风险与方差和标准差存在反比关系，此方法常被证券公司采用。

（4）层次分析法

根据企业的隐性风险源，按照危机成因的权重比例和相关系数，将影响企业财务风险的因素进行整合，从发现问题、分析风险成因到解决对策三个维度来研究，并运用逻辑论证的分析方法，找出影响财务指标变动的深层次原因。层次分析法通过检验选取指标样本，对样本进行横向和纵向比较后，构建财务指标矩阵表，将财务数据进行赋值与排序，然后使用公式计算向量，通过一致性检验后，最后确定各指标权重在目标层中所占的比例。

（5）功效系数法

根据绩效指标方法，将财务绩效指标确定在满意和不满意的最低水平，以每个财政风险指标的上限和业绩数量为判断依据，并对其做出加权，最后汇总得出结论。功效系数法的优点是能让企业进行全面综合的财务风险判断，并允许多阶段评估以避免计算结果误差，将复杂问题简单化，让管理人员可以直接观测到财务风险的变化情况。

二、高校财务风险的内容

（一）财务环境风险

1. 财务管理机制不健全

高校的管理制度涉及财务、教学、科研、人事、资产、合同等各个方面，各部门都制定了相关的管理制度，但由于各部门之间缺乏有效沟通、制度衔接不充分，因而存在与财务制度相冲突的情况，制度冗杂不成体系。随着经济环境和相关管理制度的变化，部分财务制度缺失或现有制度与日常管理流程、管理环节出现脱节，需要重新梳理经济活动，及时建立并更新规章制度。

2. 对关键岗位监管不到位

部分高校对关键岗位的授权范围不明确，没有实行定期轮岗，不相容岗位没有分离。对关键岗位人员的培训没有常态化，没有定期安排职业道德教育和专业素质提升的训练，缺乏定期考核评价机制，工作人员凭借自身的经验和习惯进行日常管理工作。

3. 干部考核指标体系不完善

高校干部考核主要基于德、能、勤、绩、廉五方面，缺乏对财务管理状况的考核，预算支出进度、财经法规执行情况等指标未被纳入干部选拔和考核的指标体系。即使因管理不善、决策失误造成资源浪费，也很少对干部使用或提拔产生影响，任期结束后的经济责任审计也很少会追责。高校对财务管理状况的忽视不利于及时发现问题、减少管理成本、建设节约型校园。

（二）筹资风险

虽然高校的经费来源逐渐多样化，不再是单一的财政拨款，而是以财政拨款为主，依法多渠道筹资，但随着高等教育规模的扩大和高校的快速发展，建立新校区、引进人才、扩建实验室、改善教学条件等都需要大量的资金支持，而财政性教育经费投入幅度增加有限，收费标准长期得不到调整，难以满足高校的资金需求。高校为了解决资金不足的问题，很可能会向银行申请贷款，但由于负债偿还责任不明确，贷款存在盲目性。高校具有非营利性，因此它化解债务的主要方法是"政府买单"或者"借新还旧"，不能从根本上化解债务。当贷款规模超过学校的偿还能力时，将会引发财务风险，影响高校正常运转。

（三）经济业务风险

1. 预算业务控制风险

当前高校预算管理工作还处于粗放型的阶段，预算管理的主要工作是预算申报及报表编制，对预算执行过程监管不足，绩效评价及结果运用缺乏关注。预算编制由少数人员参与，受主观因素影响较大，与学校的发展目标不一致，科学性、合理性难以保证。在预算执行过程中，时常出现因预算与实际需求不符而调整预算的现象，决算与预算存在口径不一致、差异较大等风险点。

2. 收支业务控制风险

在收入方面可能存在违反"收支两条线"，截留、挪用应缴财政收入的财务风险。发生的社会服务收入未纳入学校的统一管理，游离于学校预算之外。在资金支出方面可能存在超范围支出，分解报销金额，重复报销电子发票，使用虚假发票、虚假经济业务套取资金等风险。

3. **政府采购业务控制风险**

由于前期调研不充分、沟通不到位，可能存在制订的采购方案与学校的发展规划及业务需求存在差异，超标配置办公设备、办公家具，采购验收程序不规范，未妥善保存政府采购业务相关档案等经济业务风险。

4. **国有资产业务控制风险**

高校资产体量较大，种类较多，使用部门较广，资产比较分散，且存在"重采购、轻管理"的现象，缺乏相关的财产清查制度，易造成统计不全、账实不符和资产流失。高校资产管理系统与OA系统、二级资产使用单位系统缺乏衔接，不能实现管理联动、数据共享，容易造成固定资产闲置浪费的同时又重复购买、固定资产利用率不高、财政资金使用效率低等现象出现。

5. **建设项目业务控制风险**

对建设项目的投资缺乏深入的可行性论证，导致建设项目在促进学校的发展方面没有发挥应有的作用。未严格执行审核审批程序，或者因监管不力，建设单位可能存在截留、挪用、套取建设资金的情形。对建设项目成本控制分析不足，对资金的管控不到位，导致资金配比不均衡等。

6. **合同业务控制风险**

由于没有完全实现归口管理，部分高校的经济合同与其他合同分属不同的部门管理，造成责任范围不明晰，遇到问题互相推诿，严重影响管理效率。订立合同时，未明确签订合同的经济活动范围和条件；在履行合同的过程中，未全面有效监控合同的履行情况，没有建立合同纠纷协调解决机制等。

三、高校财务风险识别

基于财务风险管理理论，财务风险问题的研究主要围绕风险的识别、评价和分析等环节展开。财务风险的识别主要借助相应的财务指标，或者结合相应的数据分析方法，识别研究对象是否存在财务风险以及风险存在的具体范围。财务风险识别后，根据风险识别的结果进行评价，以确定风险的程度。最终根据评价的结果进行分析，找出解决问题的方法和对策。因此，财务风险识别是进行财务风险评价、分析以及财务风险问题解决的前提条件。

(一)高校财务风险识别指标

我们可以从以下四个方面进行风险识别。

1. 筹资风险指标

（1）速动比率

$$速动比率 = \frac{速动资产}{流动负债} \times 100\%$$

速动比率反映的是高校的短期偿债能力，它是流动资产减去存货的差与流动负债的比值。速动资产是流动资产减去存货。

（2）资产负债率

$$资产负债率 = \frac{负债总额}{资产总额} \times 100\%$$

资产负债率用于衡量高校的长期偿债能力。资产负债率过低，说明高校的负债越小，偿还长期债务的能力越强；反之，说明高校的长期偿债能力越弱，存在的筹资风险也就越大。正常情况下，高校的资产负债率应保持在40%～60%比较合适。

（3）年末借款总额占总收入的比率

$$年末借款总额占总收入的比率 = \frac{借款累计数}{总收入} \times 100\%$$

该指标说明了以高校年收入承受财务风险的程度。该比率越高，说明高校面临的筹资风险越大。分母中之所以选择总收入而非总资产，是因为变卖资产偿还债务的可能性不大，因此学校还本付息主要还是依靠收入。

2. 投资风险指标

投资风险主要分为对内投资风险和对外投资风险两个方面。高校不存在对外投资，因此只分析其对内投资风险。

（1）对内投资支付能力

$$对内投资支付能力 = \frac{年末货币资金}{基建年平均支出额} \times 100\%$$

该指标主要衡量高校对包括基础设施等在内的教育环境进行投资的能力。对内投资支付能力数值体现高校的实际支付能力，数值越大代表高校对内投资支付能力越大。

（2）资产收入比率

$$资产收入比率 = \frac{收入总额}{资产总额} \times 100\%$$

该指标反映了高校每元的资产投入所能取得的收入。通常该指标值越大，说明利用一定的资产投入所能取得的收入越多，或者取得一定的收入所需投入的资产越少，即收益能力越强，投资风险越小。

3. 营运风险指标

（1）教师薪酬支出比率

$$教师薪酬支出比率 = \frac{教师薪酬支出}{总收入} \times 100\%$$

该比率主要衡量教师薪酬待遇的高低。通过计算教师薪酬支出在总收入中的比重，可以分析出营运过程中高校教师的待遇问题，进而得出学校教师的流动性大小。该比率越高，说明教师薪资待遇越好，教师的流动性也就越小；该比率越低，说明教师待遇越差，教师的流动性越大，面临的营运风险也就越大。

（2）经费收入支出比率

$$经费收入支出比率 = \frac{本年总收入}{本年总支出} \times 100\%$$

它反映了高校对资源的利用能力，能够反映高校对经费的运作把握程度和办学效益。

（3）公用支出比率

$$公用支出比率 = \frac{公用经费支出}{事业支出} \times 100\%$$

该指标反映了高校事业支出结构以及合理安排资金的能力。公用支出比率越大，高校用于发展的资金投入越大，营运风险越小，该指标正常应该在50%左右。

4. 发展风险指标

（1）银行存款保障率

$$银行存款保障率 = \frac{贷款总额}{银行存款 + 现金金额} \times 100\%$$

该指标体现了资金调节的能力和承受偿还债务能力，是体现高校财务部门工作效率的主要参考依据。该指标越大，说明资金的调节能力越差，发展风险越大，一般认为80%～150%较为合适。

（2）学费收入增长率

$$学费收入增长率 = \frac{本年学费收入 - 上年学费收入}{上年学费收入} \times 100\%$$

该指标主要反映高校在收费标准不变的情况下，学生人数增加与高校发展风险的关系。该指标越大，说明学费收入越多，发展风险越小；反之，该指标越小，则说明发展风险越大。

（3）货币资金余额增长率

$$货币资金金额增长率 = \frac{年末现金 + 年初银行存款 - 年初现金 - 年初银行存款}{年初现金 + 年初银行存款} \times 100\%$$

此指标直接将可用资金的增长情况反映出来，体现了高校自身持续发展建设的潜力，其值越高，说明发展潜力越大，发展风险越低。

（4）净资产增长率

$$净资产增长率 = \frac{年末净资产余额 - 年初净资产余额}{年初净资产余额} \times 100\%$$

该指标越高，代表高校发展能力越强，面临的风险越低；如果该指标过低，说明高校可能存在发展风险，发展能力不足。

（二）高校财务风险的识别分类

1. 筹资风险识别

高校是经政府部门批准的允许自筹经费、自负盈亏的办学实体，其资金来源主要为学费收入、出资方投入、银行借款。在日常运营过程中，高校主要依靠学生学费收入维持运营。如果出现大型工程建设，资金出现缺口时主要依靠银行借款，但是银行借款一般利息较高，财务还本付息的压力增大。

2. 投资风险识别

企业在发展到一定规模后，为了获取更大利润和提高竞争力往往选择扩大企业规模进行对内或对外投资。高校系统也一样，大多数的高校由于发展需要或者其他原因积累一定的资本后往往开始扩建新的校区。对高校来说，办学质量和发展质量往往与校区的数量有直接关系。高校也可利用分校区提高竞争力，争取更多的生源。这就会促使一些高校为了争夺生源开始盲目扩建校区，甚至不惜背负债务进行扩张建设，这会给高校财务带来巨大的债务压力，加大了学校的投资风险。

3. 营运风险识别

企业的运转离不开资金的支持，高校的营运同样需要资金支撑。高校的资金营运体现在收入和支出两个方面。支出主要由教师工资、专家教授生活补贴、教学费用、学生活动费用、教学楼、实验楼、学生宿舍的维修维护和建设以及其他日常开支等构成。收入则由学生学费、住宿费以及开展道路交通培训收取的培训费等构成。由于薪资待遇以及各种福利吸引力不佳，导致部分专家教授和大量青年教师流失。师资的流动必然会带来教学质量的下降，教学质量又会影响生源，进而影响高校的长远发展，加大营运风险。

四、高校财务风险防范

（一）筹资风险方面

1. 国家出台政策支持

财政对于高校的支持力度不是太大，这也是高校出现筹资困难和筹资风险的一个重要原因。虽然内部因素决定事物的性质，但是外因往往影响事物发展的趋势，国家宏观环境提供的强有力的保障会促进高校更好发展。为了缓解高校的筹资风险，提供优质的筹资环境，财政部门在高校的发展过程中应该逐步提高对其支持力度，例如，制定具体的筹资政策，逐渐提高财政拨款力度等。国家应出台相关的优惠政策，为高校吸引更多的资金投入。

2. 实施多元化筹资渠道

由于财政支持力度较弱，经费自筹就成了高校筹资最大的特点。高校的资金来源主要依靠学生学费和住宿费；在收入不能满足支出需求时，主要依靠银行借款。在银行审批手续复杂、审批程序烦琐的情况下，甚至会出现资金供应不足的情况。供应资金的不足会影响学校的日常运营，最终对高校的持续发展产生消极影响。高校要改变筹资渠道单一的现状，就应该结合自身实际状况和地区经济发展的客观条件。高校可以充分利用学校信誉和民营企业进行合作。民间资本的注入会增加高校办学的广度和深度，提高办学实力。同时，吸收民间资本与银行借款相结合，既满足了高校自身对资金的需求，也充分利用了社会的闲置资源，为当地经济注入了新的活力，为当地经济的发展贡献了自己的力量。此外，高校还可以通过校友会进行筹资。通过向历年毕业的学生尤其是优秀校友寻求捐赠，一定程度上也可以缓解筹资困境，降低筹资风险。

3.加强与完善筹资规划

高校出现延迟资金支付和占用其他资金等状况，主要是由于缺乏完善的筹资规划，高校财务处和管理层筹资规划意识淡薄、未雨绸缪思想薄弱。

为避免这种情况的发生，高校财务处应该树立风险意识，结合自身资金需求状况，对筹资进行提前规划。财务处处长和主管会计应该对年度资金需求总额有整体的把握，尽量避免账上资金不足而必须紧急贷款状况的发生。工程建设支出金额一般较大，一旦资金链出现问题，很难在短时间内筹到大额资金，占用其他资金和延期支付并不能从根本上解决问题，这就需要在对资金需求合理把握的基础上于恰当的时间提前筹集确定金额的资金。对银行而言，尤其是地方性或区域性银行的贷款手续相当烦琐，程序极其复杂，并且贷款额度小，因此，这也是需要提前筹划贷款时间的重要原因。由于区域性的银行为高校的开户行，高校一般先向该区域性银行贷款。由于对于高校的财务收支状况比较了解，再加上区域性银行的综合实力相对较弱，给予贷款的额度较小，因此只适合短期小额资金的周转。当资金链出现问题时，高校应该向经济实力比较强的大型银行申请借款。此外，高校财务处应该提高财务全体人员筹资规划意识，及时对筹资风险进行识别，防患于未然。

(二) 投资风险方面

1.建立固定资产监管制度

高校有固定资产管理办法，但是在实际工作中并未得到有效的实施，财务人员的固定资产管理意识较弱。固定资产监管制度的缺失使固定资产管理办法的实施流于表面。因此，应该建立固定资产监管制度，提高对固定资产的重视程度，提高固定资产管理质量。首先，在固定资产折旧方面，由于不计提折旧和资产减值测试容易出现高估资产的现象。其次，在账务处理上，应该建立固定资产卡片，并在会计核算中完整录入固定资产卡片。详细记载固定资产的购置状况和使用状况，并配备专业人员负责固定资产模块，与资产管理处加强合作，加强固定资产的管理，并且定期进行盘点，以维护高校固定资产的安全，减少不必要的投资，降低投资风险。

2.建立健全预算管理制度

高校投资的主观性和随意性会加剧投资风险的产生。预算管理在投资活动中发挥的作用主要体现在事前的防范和控制等重要环节，如果高校拥有完善的预决算管理制度就会在一定程度上避免和减少投资风险。预算是一个有机完整的系统，由编制、执行、考核和调整等部分构成。此外，预算不应仅仅针对财务处，其他部门和院系也应编制预算，并且接受财务处的监督和考核。

（三）营运风险方面

1. 提高财务人员的专业素养

高校的财务活动不应仅仅停留在简单的报账、算账和记账等事务性工作上，而应把每位财务人员培养成为参与预算与管理、实施控制和监督的有实干的理财能手。目前，高校财务人员的专业素养亟待提高。学校可以安排固定的培训课程，并对课程结果进行定期考核，将考核结果提交人事，并且鼓励财务人员考取会计相关证书，并将中高级会计职称和薪资挂钩。同时实行轮岗制度，增进每位财务人员对学校业务的了解。

2. 认真落实并提高人事待遇

高校的教师流动性大，主要因为教师教学任务繁重，薪资待遇与付出不成正比。在师资力量不足时，甚至会出现行政人员代课的情况。为了长远发展，高校应适当缩减待遇差距，提高招聘要求和薪酬待遇，引进并留住专业人才，提高师资力量。如果学校适当缩减待遇差距，在一定程度上会为学校挽留住优秀的青年教师。学校甚至可以和优秀教师签订协议，以补助生活费和学费、进行奖励等各种形式支持教师深造，教师深造成功后回学校任职。这样，整个教师队伍就会得到优化，师资力量也会不断增强。

此外，人事处应该严格落实与教师签订的劳动合同，薪资以及各种福利的发放应严格遵守合同规定，结合高校的具体情况制定出具有针对性的政策，解决一人多职的现象。总之，高校应该重视教师的待遇问题，从人事管理着手，减少教师流动性，降低营运风险。

3. 建立并完善内部审计机制

目前，部分高校仍依靠外部审计，尚未设立独立的审计部门，所以日常运营过程中的一些问题很难及时得到纠正。内部审计工作是预防营运风险的重中之重，实施内部审计是财务管理工作和管理层进行决策的重要依据。因此，高校在提高财务人员审计意识的同时应该建立以监督和服务为重点的内部审计制度，使内部审计工作的展开有章可循，积极开展内部审计工作。

第一，高校应结合自身状况和财务人员的专业素养确定审计组成员，建立内部审计体系，明确审计对象和审计范围，明确审计机构的权限范围，将内部审计规范化和制度化，为内部审计工作的展开奠定基础。

第二，在审计工作推行的过程中，应当确保内部审计部门的独立性和权威性。审计人员真正地做到实质与形式的独立性，保障内部审计机构不受治理层的制约，客观独立地执行工作。同时加强内部审计队伍建设，不断提高内部审计人员的专业素质。要提供高质量的审计监督和服务工作，必须建设一支作风优良、专业技术过硬的内部审计队伍，建立一套行之有效的考核办法。

第三，营造良好的内部审计环境，增加财务人员对内部审计的认同。这样才有利于内部审计工作的展开，有利于发挥内部审计监督与服务职能，指出高校财务在日常运营中存在的问题并给出改正建议，从而降低营运风险。

（四）发展风险方面

1. 政府应加强积极引导

在高校的发展过程中，政府应该发挥好引导者的作用，以促进高校的持续发展。对于新校区的建设，政府应该要求高校上报所有的扩建计划，并结合学校自身财务状况和发展现状进行考评。根据考评结果，确实不适宜扩建的项目应该给予驳回；同时，应鼓励高校坚持内涵式发展，强调优化专业结构，提高教学质量和增强竞争实力。因为大学之大，不在于校园之大，而在于精神之大；高校之高，不在楼宇之高，而在于品位之高。一味追求校区扩张，忽略内涵式发展不利于高校持续健康发展。在实施内涵式发展的过程中，政府应以开放、求真、务实和创新的胸襟和精神，提出有利于教学、科研和学科发展的理念，确立注重学校发展的工作思路，最终形成政府积极合理引导，高校积极高效配合，内外合力，共同促进高校更好发展的良好局面。

2. 制定合理的发展规划

大到国家、小到社会团体的发展都离不开科学合理的发展规划。中国经济的腾飞与中国制定的发展规划密切相关，每个五年规划都引领中国迈向更高的台阶。一个国家尚且如此，对一所高校来说，同样离不开合理的发展规划。虽然高校的资产总额在保持不断增加的趋势，但是用于发展的资金保障不足，用大额负债换取的资产的增加不利于长久持续发展。因此，高校应该制定合理的发展规划，避免发展的无序性和盲目性。就目前高校的发展状况来看，高校进行外延式发展并不是最佳的发展途径，实施内涵式发展才是其最佳选择。高校应结合自身发展实际，分别制定中长期发展规划。

3.提高潜在生源吸引力

高校想要在激烈的生源竞争中占有一席之地，就必须通过提高办学质量、打造特色专业、培养优质的应用型人才来增强对潜在生源的吸引力。要提高办学质量，首先，应进一步优化育人环境，形成浓厚的学习氛围。其次，继续打造品牌专业和特色专业，加强对教师的培训与考核，提高教师素养和授课技能。最后，提高办学质量也离不开宏观环境的支持，国家应该鼓励大学教育实行"宽进严出"的培养模式，建立合理的大学教育评价体系。

第二节 以内部审计制度强化高校财务风险控制

一、明确审计目标

高校独特的文化环境对高校内部审计提出了较高的需求。新时代背景下，高校内部审计要积极对接外部需求，找准审计切入点，精准提供审计服务，提高审计专业服务能力。首先，要牢牢把握政策导向，聚焦高等教育领域的重大决策部署，着力监督政策的落实情况，揭示存在的问题，助推政策真正落地生根、开花结果。其次，要注重对接社会需求，通过审计监督，公开高校利用公共资金资源开展教学科研等的情况，切实保障社会公众的知情权、参与权、监督权，实现高校的信息公开、透明；同时还应遵从内部审计职业发展规律，紧密对接大学的精神、制度、行为、形象等文化，做到内部审计与大学文化相协调、与大学文化相促进，为建设一流大学提供强大动力。与此同时，高校内部审计应坚持党的领导，坚持服务学校，坚持从预算执行审计到政策执行审计的转变（即从资源审计到战略审计的转变）、从财务审计到业务管理审计的转变、从事后审计检查到过程审计监管的转变、从合规审计到绩效审计的转变，紧跟教育改革发展步伐，坚持揭示问题、解决问题并重，检查规定遵守、促进管控机制优化并重，统筹好当前重点、促进长效机制并重，为促进高校发展、完善高校管理做出积极的贡献。

二、强化内审意识

高校主要领导对内审的重视程度直接决定了内审的独立性和权威性；广大干

部群众对内审的理解与支持程度直接决定了内审的生存环境和生存空间；专职审计人员的综合素质和内审规范体系直接决定了内审制约促进作用的全面发挥。审计好不好，关键看领导；发展好不好，群众是依靠；效果好不好，素质占主导。因此，强化高校内审意识、突出内审权威是充分发挥内审保驾护航作用的核心，是有效治理当前领导干部职务犯罪心理的利剑。

第一，高校高层管理者一定要树立内审意识，重视内审结果，营造健康的内审环境，突出内审机构和内审人员的地位，提升内审在干部任免中的核心作用，把干部经济责任审计结果和绩效审计评价结果作为提拔、聘任或解聘中层干部的主要依据；全面树立领导干部敢于接受审计、自愿接受审计、主动要求审计的廉政思想，彻底解决高校中层干部"怕审计、恨审计"的狭隘认识。

第二，高校应单独成立内审处级机构，并改由高校行政一把手直接领导，内审机构也直接对高校行政一把手负责并报告工作，成立由高校校级领导和校内专家组成的内审委员会，统一领导，全面组织，统筹安排全校每年的预算审计、内控审计、绩效审计和经责审计等。既要坚决查处领导干部违纪违法问题，又要切实解决发生在群众身边的不正之风和腐败现象，这样才能切中要害，真正树立高校内审的独立性和权威性。

第三，高校内审部门应当把现行的有关内审的规章制度、标准、要求、流程与注意事项等统一归纳整理，印制成册，印发成文，或公示于校园网络上，或置放于中层领导干部伸手可及的醒目位置，要分发到校内各级领导干部手中，并在全校范围内开展大规模的内审宣传，定期举办内审知识讲座、竞赛、辩论、征文等活动，建立内审信息交流公共平台（如微信群、QQ群等），及时发布各种审计规定、标准和要求，评述审计查处案例与处罚结果，安排专人实时提供审计咨询等，着力解决全校干部职工思想上不重视、认识上不全面、行动上不配合的问题，促使大家从思想上、认识上、行动上自觉遵从并执行内审规定，变"要审我"为"我要审"，真正达到"人人知内审、个个守规矩、干部要考评、内审来作答"的理想境界。

三、创新内审制度

新形势下，高校应根据内部审计环境的变化，修订完善内部审计制度，顺应新形势，应对新问题，防范新风险，为高校内部审计工作正常开展提供理论保障，促进高校稳定持续发展。高校应结合自身业务特点及发展战略目标，深入研究高校内部审计工作的重点及难点，做好顶层设计，合理研究制定内部审计工规范，建立健全审计领导体制、审计质量控制和绩效考核等制度，形成内部审计工作内容、规范、评价三方面制度体系，激发内部审计活力。同时，高校应立足内部审计在新形势下面临的新任务、新挑战，将审计实践经验转化为理论成果，为进一步推动内部审计创新发展提供理论指引。

四、培养内审人员

第一，高校应该切实提高内审人员的地位，树立内审机构的权威。审计部门要想高效地开展审计工作，专业技术人才是非常关键的因素。学校要积极加强内部审计人员的综合能力建设，有序引进高素质的专业人才充实内审队伍，切实增强内审力量，以自身建设立信，以创新规范立业。要加强整体内部审计队伍的综合素养，就要专注于审计团队结构的建设，组建一支信息化程度高的内部审计人才队伍，可以通过学校内部竞争或对外招考、招聘，引进作风优良、业务过硬、信息技术经验丰富的审计专业人才加入审计队伍。

第二，高校应该加强与审计主管机关及相关科研院所的业务工作联系，聘请专家对学校内部审计人员进行审计业务培训，加强财经法规、审计准则以及审计工作要求等方面的培训，使内审人员在牢牢遵守职业操守的基础上，切实提升审计工作业务水平，力求在发现问题和处理问题上取得新的突破。同时，对内部审计信息化建设的重要性进行介绍和分析，引入内部审计信息化管理的实战经验和先进做法，强化内审人员对内部审计信息化的认识和掌握，结合高校工作实际，加强相关软件的应用培训，提高数据分析和数据处理能力，进而提高内审人员应用现代信息技术处理日常审计工作的能力，改进内审人员的工作方式，提升工作效率，保证工作质量。

第三，在内部审计队伍中建立科学的考评机制，将对审计信息化技术的培训转化为阶段性考核任务，关心内审人员的成长，通过职务晋升、职称评聘、外出深造等机制拓展内审人员的成长空间，激发内审人员的学习热情和工作积极性，使审计队伍成为一支高素质、多技能、敢打敢拼的专业化复合型审计队伍。

五、突出审计重点

高校审计目标是内部审计工作的出发点和落脚点。高校应围绕党委的重点安排部署，围绕学校战略发展规划、中心工作以及重要风险点和热点难点问题，明确审计目标，合理制订审计计划，积极探索"以风险为导向、以内控为主线、以治理为目标、以增值为目的"的管理绩效审计。

首先，要保证对重点项目和领域进行审计，集中主要力量加强重点领域、重点部门和重点资金的审计，提高资金使用效益和效率；其次，要整合资源，力争做到审计全覆盖，为反腐败工作创造良好基础，防范廉政风险，发挥内部审计的"免疫卫士"作用，贯彻"一审、二帮、三促进"理念。

六、提升审计品质

（一）优化审计业务组织方式

当前，高校内部审计部门面临着审计人手不够、审计资源不足、审计任务繁重等挑战。为突破现实局限，实现审计全覆盖，高校内部审计部门应注重优化审计工作的组织方式，最大限度地调动现有资源、提高工作效率，这不仅能达到事半功倍的效果，而且还有助于形成良好的内控环境和人才培养机制，实现审计"小团队"产生"大效能"的目标。

从高校经济活动运行模式分析，目前高校经济活动可以划分为实体系统和信息系统两大部分。其中，实体系统包括业务系统和资源支持系统。业务系统是指高校的办学、科研、后勤保障、附属业务、产业等业务，既涉及对相应业务具体开展组织运行的部门，也涉及对相应业务进行统筹管理的部门。资源支持系统是指高校对人力、财务、资产资源的管理，是高校顺利开展各项业务活动的资源保证。信息系统是指各实体系统的信息管理数据库和整合平台等，既包括业务管理系统也包括财务管理系统，其贯穿或内嵌于高校实体系统中，是当前新时代信息化大背景下高校开展管理的必要途径。

高校内部审计部门在进行审计业务组织时，应紧扣高校经济活动业务运行模式和各业务发展规律，分类分模块统筹组织审计业务，进行项目安排和审计小组组建。基于高校经济活动运行模式，高校内部审计可以将其划分至不同业务板块，并结合不同审计对象和各类审计内容，构建基于业务、内容、对象的"六经、六维、两层次"的三维审计实施框架。

横轴为高校业务维度，包括办学、科研、后勤保障（含基建、采购等）、附属业务、产业、资源支持（含人力资源、财务、资产等）六个维度。这六大类基本涵盖了高校的基本特色业务，各自具有独立的业务运行特征，与之对应的审计重点、审计方式也应有所不同。在组织审计业务时，高校可针对不同审计人员的特长，从不同的业务维度入手，分类分模块组建审计小组，将某一业务类型由专门小组负责、固定分工。通过日常工作积累和专门培训、调研，各小组对某一业务类型高度熟悉后，不仅可以快速、精准地定位风险和问题，提高审计效率，而且还可以提升审计人员自身的专业化素养。尤其是在应对重大、综合性项目时，如承担某一综合大学整体审计或者学校某一校区整体审计时，能有效组建涵盖精通各领域人员的审计项目组。同时，为了防范风险，高校内部审计部门还需要对各审计小组进行定期轮岗，以形成有效的监督和制约。分模块组建专门小组并定期轮岗也会扩大审计人员的专业领域，促进队伍专业化建设。

纵轴为审计内容维度，包括政策执行、经济决策、内部控制、经济责任、资源绩效、信息系统审计六个维度。尽管不同审计对象的业务特色、重点不同，但其业务成效均可以围绕以上六个维度开展审计评价。高校内部审计部门可以结合审计关注重点，针对不同的内容有选择地进行审计工作。同时，针对目前审计业务类型多、任务重且审计人员不够的实际情况，为减少对教学科研主业单位的打扰，高校内部审计部门可以从审计内容维度入手，推进"1+N"和相互嵌入式的审计组织模式，推进综合管理审计，在对政策执行、经济决策、内部控制等进行全面综合审计的基础上，分别评价领导人员经济责任履行情况、政策执行情况、资金资源资产合规有效情况等。

竖轴为审计对象维度，包括具体业务运行部门（各二级单位）和业务管理部门（各职能部门）两个层次。高校内部审计可以从竖轴审计对象维度入手，准确定位被审计单位，做到既关注统筹管理，又关注具体运行，明确划分不同部门的职责范围，明确审计发现的问题究竟是管理体制机制问题，还是具体执行疏漏问题，进而贯穿业务全流程，做到审计全覆盖。同时，对业务运行部门和业务管理部门的划分也有助于在审计发现问题和整改阶段进行多部门联动、督促整改。

此外，高校应注重加强内部审计部门与纪检监察、巡视巡察、组织人事和其他业务管理部门的协作配合，在信息共享、结果运用、重要事项共同实施、整改问责、共同落实等方面形成监督合力，促进高校内部监督体系完整完善、高效运行。

（二）深化审计项目开展方式

近年来，高校内部审计业务取得了很大成绩，但在面对新需求、新要求方面，还需要进一步深化、完善部分审计项目的开展方式。

1.在推进政策执行审计方面

高校内部审计部门应积极关注中共中央、国务院、教育部等在高等教育领域进行的重大决策部署，聚焦科研管理"放管服"、学生创新创业、产学研深度融合和科技成果转化等政策要求，以高校在政策执行过程中的体制机制设计、执行落实过程以及执行效率效果等方面为着眼点，审查高校是否贯彻落实上级决策部署、是否实现既定的教育政策目标，以助力各项政策措施真正落到实处，促进政令畅通。

2. 在持续开展内部控制审计方面

高校内部审计应对预算、收支、基建、合同、资产、采购六大经济活动和教学、科研等业务活动开展全面内部控制审计，对高校内各单位层面、业务层面的内部控制进行持续深化、细化、优化、简化，避免流于表面形式。同时，应着重提炼重点业务的核心控制机制，并对核心控制机制进行持续跟进、持续优化，形成"评审—建设—评审"的良性内部控制循环机制，引导资源优化配置。

3. 在预算管理审计方面

要推进开展预算绩效审计，对相关经济活动的经济性、效率性和效果性进行审查，避免资金、资源、资产的沉淀、浪费和流失。

（三）优化审计评价和审计结果运用

对审计结果进行有效应用，能够提升高校内部审计效果，也是发挥高校内部审计工作作用的关键。为保证审计结果的规范运用，具体需要从以下几方面入手。

第一，做好任中审计工作，确保审计结果的良好应用。在审计工作开展过程中，可以将任前及离任审计进行良好结合，对需要进行审计的领导干部进行重点关注。相应的组织部门可以将领导干部的实际情况告知审计部门，以便于审计部门开展相应的审计工作。在实际审计过程中，学校会对被审部门有更为清晰的了解，掌握原任领导的真实情况，在此基础上，对新旧领导干部责任进行详细划分。通过这样的方式，组织部门可以在准确、真实的数据支持下，更好地进行领导干部管理，实时进行专项审计。高校内审部门应重点关注群众反映强烈的问题，随时进行相应的审计调查工作，对具体内容进行详细了解，及时发现问题，保证信息的有效性，更好地提出审计重点。

第二，做好审计评价指标体系构建工作，进一步细化审计内容，明确经济责任审计的最终目的，以便找准审计重点，从而在有效的审计工作下，了解被审计领导干部的责任履行情况。因此，在高校内部审计中，需要做好审计评价指标体系构建工作，做到具体量化；并且，还应通过定量与定性结合的方式，按照单位性质及业务类型,进行有效的审计评价,明确评价标准,更为准确、客观、全面地开展审计评价工作,确保审计结果的科学运用。

第三,构建完善的审计结果应用制度,完善审计结果的应用形式。制定完善的审计结果公开制度,对审计部门的审计质量进行考验,在审计结果的有效公开下,引入群众力量,达到良好的群众监督效果。

七、加强审计信息化建设

(一)加强组织领导,提高审计人员对信息化的认识

学校强有力的领导、各业务系统遵循统一的数据标准是审计数据采集机制推进的前提,也体现了学校电子数据的管理和利用水平。在审计信息化建设过程中,审计部门全员参与实施,能有效提高他们对信息化和大数据审计的认识。学校需要支持和鼓励审计人员参加信息化方面的培训,通过审计信息化建设培养一批精通审计业务和信息技术的复合型人才。

(二)加强系统安全,提高网络安全意识

审计系统涉及学校历年审计的重要经济数据,如果系统遭到破坏,将对学校产生重大影响。在审计信息化建设过程中,应加强系统安全等级测评,满足信息安全等级保护的相关要求。同时,加强审计人员保密及信息安全教育,提高网络安全意识,明确电子数据管理和运用等相关人员的责任,制定系统操作和权限管理规范。

(三)选择合适且具备长期技术支持的软件供应商

不同供应商的信息化软件侧重点不同,高校在审计信息化建设中应选择适合自己业务的软件产品。同时审计信息化建设不能一蹴而就,需要学校审计工作与信息系统充分磨合,审计分析模型也需要经过长期的校验优化,选择一个能够长期提供高质量技术服务及不断迭代升级的软件供应商。

八、形成审计监督合力

将内部审计监督与组织人事、纪检监察等内部监督力量联合起来,同时加强国家审计对内部审计工作的监督指导,实现国家审计和内部审计的优势互补,有效促进高校风险管理"三道防线"更好地发挥作用,形成督促整改监督合力。也

可以采用审计外包方法，引进会计师事务所、审计师事务所，用专业性较强的审计服务来弥补自身不足，调动内审和外审力量，进而增强审计监督合力，减少审计监督"盲区"，有效防范内部风险。

第三节 高校财务风险预警体系的构建

一、高校财务风险预警存在的问题

高校作为事业单位，拥有一套相对独立的运行体制，受到公共财政扶持，市场化运作程度相对较低，其风险管控面临着诸多不确定因素，存在"多头管理、多人负责""财务监督职能交叉、条块分割"等情况。这种特殊性使得高校管理层经常忽视财务风险预警流程的重要性，在实践中暴露出一些问题。结合我国高校实施财务风险预警的现状来看，合理规范高校财务风险预警流程是十分必要的。

（一）预警信息缺乏准确性与完整性

高校的财务风险是长期的、客观存在的。政府会计改革之前，高校采用单一的收付实现制进行账务核算，但是这种方法仅能反映高校开展预算工作的执行情况及实际结果，无法准确反映高校有关资产、负债和净资产的完整信息，报表的内容也不全面。高校财务人员对财务报表的分析流于形式，侧重于记账和报账，面对不合理的数据信息忧患意识不强，即使数据异常程度已经达到风险预警的标准，财务工作人员也做不到及时记录与监测，这直接导致高校内部财务风险预警信息不全面、缺乏准确性。

（二）预警结果的可信度与利用率不高

高校在进行财务风险预警时，风险研判环节通常没有发挥真正效用。一方面，随着高校业务日益复杂化、资金来源多样化，仅依靠现有的指标分析无法满足财务风险预警需求，需要更细分的财务风险分析维度来增强高校内部财务风险研判结果的可信度。另一方面，虽然高校财务风险指标被用来评判风险严重程度，但高校很少据此做出有针对性的风险处置措施，而是选择单一、传统的处理方式应对一切风险，这样的处理方式并不科学，也容易造成资源浪费。

（三）对风险处置的重视程度不够

从我国高校整体风险管控情况来看，大多数高校在应对财务风险时比较倾向于"事后监督"，在风险发生或者引起严重后果后才会进行整改，大部分情况下未做到"事前监督"和"事中监督"，同时风险处置后的结果未被有效运用。学校相关工作人员未根据风险处置结果进行风险溯源，不重视对风险预警结果的科学评价，不能发现问题并找出原因，也就无法对高校财务风险预警体系进行修正或调整，不能从源头遏制风险的产生。

（四）预警机制不健全

开展高校财务风险预警的前提是建立一套科学合理的高校财务风险预警机制，该机制应由组织架构、信息传递、分析与评估、报警与处理等部分组成。现实中，高校大多并未成立相关组织来维持财务风险预警机制的日常运作，风险易发部门缺乏传递风险信息的渠道；财务人员发现风险因素却不能及时判断警级、警兆，没有提前设置报警处置程序及制度预案；对风险因素的分析评估常常基于主观判断，因而高校的财务风险预警机制常常"形同虚设"、难以落地，财务风险预警难以开展。

此外，不同高校之间财务信息化水平参差不齐，财务系统版本老旧，数据集成度和沟通效率较低，高校财务报表编报过程中缺乏大数据处理能力，不能及时、准确地监测风险因素。

二、高校财务风险预警的流程设计

风险预警的本质是利用风险量化测评的结果，对风险进行定级，然后做出警示。完善的财务风险预警流程可以对高校资金活动中的营运风险、投资风险及筹资风险进行预警提示，以便学校及时采取措施，消灭危机。因此，高校财务风险预警在实施过程中困难重重，考虑到高校财务风险形成原因以及高校自身的特殊性，高校财务风险预警流程主要包括以下四个环节。

（一）监测采集

通过对以权责发生制为基础的部门财务报告及相关预决算资料的分析，排查风险点，并根据风险点的变化情况，做好动态实时更新，将确认后的风险点清单上报高校财务部门与管理层。

（二）风险研判

结合各风险点的具体情况，判断各级预警信息发布的具体条件，确定相应的预警级别、发布时间、可能影响的范围、警示事项等。高校内部财务风险预警信息发布的应急机构或有关部门，在接收预警发布单位发送的预警信息后，立即予以研判，根据不同的预警级别及时发布预警信息。

（三）风险处置

根据风险研判结果，依照财政部门、教育部门的有关规定，落实相应风险级别的具体风险防范措施，达到消除、降低风险的目的；定期归类出现频率较高的财务风险，追溯这些风险产生的源头，采取有效措施，从源头消除风险因素。高校应该做到以下三点：①风险处置目标的确立和风险处置措施的选择应符合法律、法规、政策、标准和主管部门的要求；②处置后的风险应当处于学校的可承受范围之内；③确保整个风险处置工作的可控性。

（四）监督管理

高校有关部门结合风险处置情况，对风险点进行严格的监督管控，必要情况下调整原有风险评估方法和财务数据采集范围，对高校各部门进行预警责任落实核查，进一步深化财务风险防控工作。

三、高校财务风险预警体系的构建

（一）高校财务风险预警指标体系的建立

1. 反映自由支配资金动用程度的指标

自由支配资金动用程度是指在暂付款中一些无法正常周转以及在自由支配资金中支付的年底应当收取的垫付款，对外投资金额以及借出的金额在自由支配资金中所占有的比例。

2. 反映支付能力的指标

反映支付能力的指标常常会用来预测在短时间内学校所能够达到的正常支付能力。

(1)实际支付能力

所谓实际支付能力即年末货币资金结存额与平均每月支出额的比值,其意义是能够明确年末的结存数额可以满足实际周转的月数。考虑到事业单位的拨款是以季度为单位的,一般来说3是支付能力的安全线。实际支付能力的计算公式为:

$$可供周转月数 = \frac{年末银行存款 + 年末现金}{月均支出额}$$

(2)潜在支付能力

所谓潜在支付能力是指流动资产年末净值减年末借入款、应交税费、应缴财政专户等后与平均每月支出额的比值。通常情况下潜在支付能力超过3被认为是安全财务状态潜在支付能力的计算公式为。

$$可供周转月数 = \frac{年末流动资产合计 - 应缴税金}{月均支出额}$$

该指标是用年底所有货币资金的结存金额加可变现的投资债券、应收票据、借出款项,减去借入款项、应缴纳财政专户以及应缴纳税金的值,与年平均月支出额做出一番比较,最后得出能够正常支付的周转月数。计算出的指标的数值与现实支付能力成正比,数值大则支付能力强,反之同理。

3. 反映年末货币资金构成的指标

(1)自由支配资金余额占年末货币资金的比重

自由支配资金占年末货币资金比重指的是学校可以自由支配的资金占全部年末货币资金余额的比率。该指标越大说明学校的财务状态越安全,反之则预示着有一定的潜在风险。该指标的计算公式为:

$$自由支配资金占年末货币资金比重 = \frac{年末一般事业基金 + 年末专用基金 - 留本基金}{年末银行存款 + 年末现金}$$

(2)非自由支配资金占年末货币资金的比重

非自由支配资金占年末货币资金比重指的是其所有权不属于学校的部分与年末货币资金余额的比率。非自由支配资金包括如负债资金、年末未完成项目的收支差额等。鉴于大学财务报表中的具体披露情况,我们将计算公式修正为:

$$非自由支配资金占年末货币资金比重 = \frac{年末借入额 + 年末应缴税金 + 年末应付款}{年末银行存款 + 年末现金}$$

4. 反映隐性连带财务风险的指标

隐性连带风险是指学校的大额投资可能对学校自身的财务状态所产生的影

响，这类风险的特征是产生连带责任和损失较大，因此，需要特别注意该类风险。该类风险又可分为校办产业财务风险、基建投资支付能力风险和基建投资财务风险。

（1）校办产业财务风险

校办产业大多是独立的法人，它的经营活动一般不作为财务预警系统的监测对象。学校产业状况对于学校的财务状况影响巨大，倘若学校产业全部清零，学校应当对此负责。所以说，一旦学校承办校办产业，尤其需要注意其承担的产业财务风险。

（2）基建投资支付能力风险

很多时候，为了使基建项目能够拥有偿债或者付款能力，但负责投资的部门可以正常平稳地运营下去，高校尤其需要提高的就是基建投资支付能力。基建借款以及应付账款同年底的货币资金存在着不小的关系，倘若将借款与应付账款之和同货币资金进行比较，得到的比值越小，那么支付能力就越强。

（3）基建投资财务风险

基建投资支付能力作为一个指标的基础，可以用来考察基建应付账款以及借款是否超出年底货币资金，即将基建负债金额与学校自由支配资金净余额相比，最终计算出由基建带来的连带财务风险。根据基建投资的具体情况看，该指标越大越不好。倘若计算出来的结果为负数，那么就表示基建投资不会让学校主体业务的风险变大。

（二）高校财务风险预警系统构建的策略

1. 建立健全的组织机制

要想最大限度地发挥财务预警系统的作用，高校必须设立完备的财务预警部门，不断完善现阶段的学校部门机构设置体系。另外，设置专门从事财务预警的工作人员是不断完善合理的学校财务风险预警系统的关键所在。工作人员可以由两种人员组成：一是学校原来的财务管理者，比如财务处长等；二是另外招聘专业化的管理人才。要想充分实现财务预警目标，必须将这两种人员结合起来，同时设置专职专岗，从事专业化的预警工作，也要加强原有财务管理者的监督指导，"专人负责，职责独立"。此种方式既可以帮助学校财务管理者完成高校财务预防任务，积极采取科学合理、更具操作性的应对建议，又可以节省高校的支出费用，达到职责明确、成本节约的目标。

2. 建立高效的运行机制

高校的操作机制不仅要看机制顶层构想是否科学完备，而且还应该立足于实际操作的可行性以及操作后的效果。

在具体实践中应注意做好以下两方面的工作：一是认清形势的同时更新思想观念。这是建立高校财务风险预警系统的前提条件。构建财务风险预警系统需要学校具备良好的心态，积极采取应对措施，争取了解周边环境的演化规律，适当地制定灵活化的财务预警措施，加强高校对多变财务风险的调整能力和应变能力，从而避免财务风险给高校造成损失。二是增强风险意识的同时加强风险教育。增强风险意识是构建高校财务风险预警系统的核心。财务管理者应提高预测财务风险的意识，关注工作的每个细节。高校决策者必须树立竞争意识和市场经济意识，想不接受任何风险的考验是不可能的。因此，要加强高校教职工、学生，尤其是高校决策者预防突发事件的意识，落实风险应对措施，只有这样才能减少风险带来的损失，维护高校全体师生的权益。

参 考 文 献

［1］张曾莲. 基于非营利性、数据挖掘和科学管理的高校财务分析、评价与管理研究［M］. 北京：首都经济贸易大学出版社，2014.

［2］尉桂华. 新形势下高校财务管理若干问题研究［M］. 成都：西南交通大学出版社，2015.

［3］周亚君，刘礼明. 高校财务管理案例剖析［M］. 南京：南京师范大学出版社，2016.

［4］李长山. 现阶段我国高校财务管理的若干问题研究［M］. 北京：北京理工大学出版社，2017.

［5］孙杰. 高校财务管理创新理念与关键问题探索［M］. 长春：吉林大学出版社，2018.

［6］徐峰. 现代高校财务管理的实施与监督［M］. 长春：东北师范大学出版社，2018.

［7］陈健美. 加强监督，提高效益：我国高校财务管理的改革与创新研究［M］. 沈阳：沈阳出版社，2019.

［8］高新亮. 新时期高校财务管理创新探索与发展［M］. 北京：中国水利水电出版社，2019.

［9］洪涛，戴永秀，王希. 高校财务内部控制建设与风险防控体系研究［M］. 北京：中国财富出版社，2019.

［10］张远康. 新时期高校财务管理问题研究［M］. 天津：天津科学技术出版社，2010.

［11］刘芬芳，梁婷. 新时期高校财务管理问题研究［M］. 太原：山西经济出版社，2020.

［12］刘俊秀. 新形势下高校财务管理改革的突破之路［J］. 山西财税，2017（6）：58-60.

[13] 骆忠平. 我国高校财务管理改革与创新的思考［J］. 市场论坛, 2017（9）: 71-72.

[14] 徐娜. 管理会计黄金时代背景下高校财务管理改革探究［J］. 纳税, 2018, 12（34）: 62-63.

[15] 陆文娟. 政府会计改革背景下高校财务管理创新研究［J］. 商讯, 2019（21）: 151.

[16] 董晓云. 新环境下高校财务管理改革的创新思考［J］. 科技资讯, 2019, 17（7）: 83-84.

[17] 潘红娟. 政府会计制度改革对高校财务管理的影响分析［J］. 纳税, 2020, 14（32）: 143-144.

[18] 杨惜月. 会计改革对高校财务管理的影响［J］. 合作经济与科技, 2020（19）: 154-155.

[19] 张冠墨. 高校财务管理改革与创新的理论探索［J］. 现代经济信息, 2020（13）: 82-83.

[20] 董礼. 基于管理会计视角的高校财务管理改革的探索研究［J］. 当代会计, 2020（11）: 96-97.